Saveurs & bien-être

Quinoa, boulgour et autres céréales

50 recettes faciles, pour manger sain et gourmand

Recettes de Valéry Drouet

Introduction et conseils
du Dr Florence Solsona, nutritionniste

Photographies de Pierre-Louis Viel

LAROUSSE

21, rue du Montparnasse 75283 Paris Cedex 06

SOMMAIRE

DES GRAINES SAVOUREUSES
et nourrissantes

Épeautre, blé, boulgour, millet, orge, avoine... Ces noms évoquent les promesses d'une alimentation tout à la fois saine et savoureuse. Les céréales sont des plantes cultivées pour leurs graines consommées soit sous forme de grains entiers, soit moulues et transformées en farines. Il existe également des pseudo-céréales qui, d'un point de vue botanique, n'ont pas les caractéristiques requises pour être classées dans la famille des céréales, mais qui en sont très proches d'un point de vue nutritionnel. C'est le cas du sarrasin ou du quinoa.

• *Une source de nutriments essentiels* •

• **GLUCIDES COMPLEXES.** Les céréales se composent principalement de glucides (70 à 80 %), surtout d'amidon qui fait partie des glucides complexes. Ceux-ci sont des sucres que l'organisme digère lentement et qui arrivent par conséquent progressivement dans le sang. Ils ne provoquent pas d'élévation brutale de la glycémie (c'est-à-dire du taux du sucre dans le sang) et sont donc particulièrement recommandés aux personnes atteintes de diabète.

• **PROTÉINES VÉGÉTALES.** Les céréales contiennent également des protéines de très bonne qualité, dont la quantité diffère d'une variété à l'autre. En revanche, les acides aminés essentiels, ceux que notre organisme ne peut pas fabriquer et qu'il doit puiser dans l'alimentation, ne sont pas tous présents. L'association des céréales avec d'autres sources de protéines végétales (comme les légumineuses) ou animales (comme la viande, le poisson, les œufs ou les produits laitiers) est donc indispensable. Les céréales contiennent également des minéraux et des vitamines.

• *Choisissons-les complètes plutôt que raffinées* •

Durant l'ère préindustrielle, les céréales étaient utilisées complètes, c'est-à-dire avec le son et le germe. Les progrès industriels ont permis ensuite la fabrication de céréales et de farines raffinées, devenues peu à peu les plus courantes. L'avantage du raffinement est l'obtention de produits plus souples et de meilleure conservation. L'inconvénient est la perte de nombreux nutriments lorsque l'on retire le son et le germe. Si l'on considère le blé, on constate que ses apports en magnésium, fer, cuivre, manganèse, zinc, sélénium, vitamines du groupe B sont remarquables. Comme ces nutriments sont concentrés dans le son et le

germe de blé, les aliments à base de farine blanche ont un intérêt nutritionnel bien moindre. On sait aujourd'hui que la consommation régulière d'aliments à base de céréales complètes permet de diminuer les risques de développement de maladies cardio-vasculaires, du diabète et de certains cancers. Elles sont également plus rassasiantes et permettent une meilleure régulation du poids.

· **PRIVILÉGIEZ LE BIO.** Si vous décidez d'augmenter votre consommation de céréales complètes, choisissez celles issues de l'agriculture biologique. En effet, les produits chimiques utilisés dans les cultures conventionnelles ont tendance à se stocker dans les enveloppes des céréales et sont donc plus concentrés dans les céréales complètes.

• Réintroduisons-les dans nos menus ! •

Les glucides devraient constituer la moitié de notre apport calorique quotidien. Aujourd'hui, le pourcentage de calories apportées par les glucides diminue. De plus, il s'agit surtout des glucides simples (sucre de table, confiseries, pâtisseries, sucres utilisés dans l'industrie agroalimentaire) dont l'abus nuit à la santé. Nous devrions, au contraire, consommer davantage de glucides complexes. Pour cela, il faut les faire figurer au menu de tous nos repas. Réapprendre à cuisiner les céréales est un excellent moyen d'y arriver, et cet ouvrage pourra vous aider à atteindre cet objectif santé avec plaisir. Vous consommez sans doute déjà du riz ou du blé et ses dérivés, mais il existe une grande variété de céréales moins connues qui méritent de retrouver une place de choix sur nos tables.

· **PRÉCIEUSES OLÉAGINEUSES.** Les recettes qui suivent, s'agrémentent souvent de graines de lin, de pavot ou de courge. Outre leur saveur fine et délicate, ces graines concentrent de nombreux minéraux, vitamines et nutriments – les graines de lin, par exemple, sont une excellente source d'oméga 3 – qui les rendent très intéressantes d'un point de vue nutritionnel. Espérons que vous prendrez plaisir à cuisiner ces délicieux plats alliant agréablement santé, gastronomie et originalité.

CÉRÉALES
à (re)découvrir

• *Quinoa* •

C'est une pseudo-céréale, car elle n'a pas les caractéristiques botaniques des céréales, mais elle en a les propriétés nutritionnelles. Le quinoa est cultivé en Amérique du Sud et présente un intérêt majeur dans la lutte contre la famine dans le monde.

* **Pour 100 g de quinoa cru :** 13 g de protéines, 65 g de glucides complexes et 7 g de fibres. Sans gluten.

• *Boulgour de blé* •

Dérivé du blé dur. Celui-ci est débarrassé du son qui l'entoure puis cuit à la vapeur et concassé. Le boulgour est très utilisé en cuisine orientale.

* **Pour 100 g de boulgour cru :** 12 g de protéines, 76 g de glucides complexes et 18 g de fibres. Contient du gluten.

• *Épeautre* •

Céréale proche du blé. Son rendement étant faible, l'épeautre est le plus souvent issu de l'agriculture biologique.

* **Pour 100 g d'épeautre cru :** 17 g de protéines, 60 g de glucides, surtout complexes, et 10 g de fibres. Contient du gluten.

• *Kamut®* •

Kamut® est la marque sous laquelle est commercialisé un dérivé du blé de Khorasan, blé dur originaire d'Iran. Le Kamut® est cultivé en Amérique du Nord.

* **Pour 100 g de Kamut® cru :** 17 g de protéines, 68 g de glucides complexes et 1,8 g de fibres. Contient du gluten.

Quinoa

Boulgour de blé

Épeautre

Boulgour de Kamut®

Avoine

Millet

Orge

Sarrasin grillé

• Orge •

Céréale vendue sous deux formes, l'orge mondé dont seule la première enveloppe a été retirée, et l'orge perlé dont les grains ont été nettement plus abrasés. L'orge mondé conserve le germe et le son, ce qui le rend plus nutritif que l'orge perlé.
* **Pour 100 g d'orge (grains entiers) :** 11 g de protéines, 63 g de glucides complexes et 9 g de fibres. Contient du gluten.

• Avoine •

Céréale consommée sous forme de flocons ou de farine. Elle ne contient pas de gluten mais présente un risque de contamination par d'autres céréales et doit donc être consommée avec précaution en cas d'intolérance au gluten.
* **Pour 100 g de flocons d'avoine :** 11,5 g de protéines, 58 g de glucides complexes et 11 g de fibres.

• Millet •

Ce terme recouvre plusieurs céréales à tout petits grains, cultivées dans des régions du monde très arides comme le Sahel. En Afrique, on l'appelle « mil ». Celui que nous retrouvons sur nos tables est du millet perlé.
* **Pour 100 g de millet cru :** 10 g de protéines, 68 g de glucides complexes et 3,8 g de fibres. Sans gluten.

• Sarrasin •

Appelé souvent à tort « blé noir », le sarrasin est une pseudo-céréale qui ne contient pas de gluten. On trouve du sarrasin décortiqué, nature ou grillé (appelé « kasha »). La farine de sarrasin est utilisée dans la fabrication des galettes bretonnes et des nouilles soba japonaises.
* **Pour 100 g de sarrasin cru :** 13,5 g de protéines, 70 g de glucides complexes et 3,5 g de fibres. Sans gluten.

L'AVIS DE LA NUTRITIONNISTE

Les graines de lin sont très riches en acides gras essentiels de la famille des oméga 3 qui contribuent à la prévention des maladies cardio-vasculaires et agissent sur l'humeur et le moral. Grâce aux fibres qu'elles renferment, elles ont également un effet régulateur sur le transit. Signalons aussi que cette recette ne contient pas de gluten.

SABLÉS AU PARMESAN *et aux graines de lin*

POUR 16 SABLÉS
PRÉPARATION : 15 MIN - REPOS DE LA PÂTE : 3 H - CUISSON : 12 À 15 MIN

* 200 g de farine de sarrasin
* 120 g de parmesan râpé
* 130 g de beurre ramolli
* 5 jaunes d'œufs
* 100 g de graines de lin
* sel

1 Mettez la farine de sarrasin dans la cuve d'un robot avec le parmesan et 2 pincées de sel. Ajoutez le beurre et mélangez 5 minutes à petite vitesse. Ajoutez 4 jaunes d'œufs et mélangez à vitesse plus élevée pour obtenir une pâte homogène.

2 Divisez la pâte en deux et roulez-la sous vos mains en 2 cylindres de 4 cm de diamètre. Enveloppez-les de film alimentaire et placez-les au frais au moins 3 heures.

3 Préchauffez le four à 180 °C (th. 6). Sortez la pâte, puis coupez chaque cylindre en tranches de 5 à 7 mm d'épaisseur. Déposez-les sur une plaque de four recouverte de papier sulfurisé. Badigeonnez-les du jaune d'œuf restant à l'aide d'un pinceau, puis parsemez-les de graines de lin. Enfournez pour 12 à 15 minutes. Laissez les sablés refroidir avant de les déguster.

VARIANTE : Vous pouvez remplacer les graines de lin par des graines de sésame (doré ou noir), de pavot ou de tournesol.

L'AVIS DE LA NUTRITIONNISTE

L'épeautre est une céréale proche du blé – attention, il contient par conséquent aussi du gluten –, mais il est plus riche en protéines et en sels minéraux. Il apporte notamment, en quantités non négligeables, du zinc, du cuivre et du magnésium. C'est probablement pour cela que l'épeautre est réputé en médecine traditionnelle pour faire des miracles en cas de stress et de déprime.

BISCUITS AU ROQUEFORT *et aux graines de tournesol*

POUR 25 BISCUITS
PRÉPARATION : 15 MIN · REPOS DE LA PÂTE : 3 H · CUISSON : 12 À 15 MIN

* 250 g de farine d'épeautre, blanche ou complète
* 120 g de roquefort
* 120 g de beurre ramolli
* 4 jaunes d'œufs
* 100 g de graines de tournesol
* sel

1 Mettez la farine d'épeautre dans la cuve d'un robot avec le roquefort émietté. Ajoutez le beurre et mélangez 5 minutes à petite vitesse. Ajoutez 3 jaunes d'œufs et les graines de tournesol, puis mélangez à vitesse plus élevée pour obtenir une pâte homogène.

2 Divisez la pâte en deux et roulez-la sous vos mains en 2 cylindres de 4 cm de diamètre. Enveloppez-les de film alimentaire et placez-les au frais au moins 3 heures.

3 Préchauffez le four à 180 °C (th. 6). Sortez la pâte, puis coupez chaque cylindre en tranches de 3 ou 4 mm d'épaisseur. Déposez-les sur une plaque de four recouverte de papier sulfurisé. Badigeonnez-les du jaune d'œuf restant à l'aide d'un pinceau, puis parsemez-les de graines de tournesol. Enfournez pour 12 à 15 minutes. Laissez les biscuits refroidir avant de les déguster.

VARIANTE : Vous pouvez remplacer les graines de tournesol par celles de courge.

L'AVIS DE LA NUTRITIONNISTE

Les graines de pavot sont des petites graines oléagineuses à la saveur subtile, recherchées pour leur richesse en acides gras essentiels. Elles contiennent également des protéines végétales, mais en principe on en consomme une quantité trop faible pour qu'on puisse les inclure dans la ration protidique de la journée. En revanche, rassurez-vous, elles ne contiennent pas d'opium !

GRESSINS
à la farine d'épeautre

POUR 40 GRESSINS
PRÉPARATION : 30 MIN · REPOS DE LA PÂTE : 1 H · CUISSON : 15 À 20 MIN

1 Mettez la farine, le sel et la levure dans la cuve d'un robot. Mélangez à vitesse lente puis ajoutez 20 cl d'eau froide. Pétrissez pendant 6 à 8 minutes à vitesse moyenne jusqu'à obtention d'une pâte homogène. Formez une boule, déposez-la sur une assiette farinée et couvrez-la de film alimentaire. Laissez-la reposer 1 heure à température ambiante.

2 Préchauffez le four à 180 °C (th. 6). Coupez la pâte en morceaux de la taille d'une grosse noisette, puis roulez-les en les allongeant pour obtenir la forme des gressins. Roulez-les dans les graines de pavot, puis déposez-les sur une plaque de four recouverte de papier sulfurisé. Enfournez pour 15 à 20 minutes.

3 Sortez les gressins du four, laissez-les complètement refroidir avant de les déguster. Conservez-les dans une boîte hermétique.

VARIANTE : Variez les goûts ! Roulez les gressins dans des graines de lin, de sésame, de moutarde…

* 350 g de farine d'épeautre, blanche ou complète
* 1 cuill. à café de sel
* 8 g de levure chimique
* 50 g de graines de pavot

L'AVIS DE LA NUTRITIONNISTE

Le quinoa est une céréale extraordinaire, au point que l'Organisation des Nations unies soutient le développement de sa culture dans les pays souffrant de la famine. Il apporte des protéines de bonne qualité qui en font le complément parfait des plats à base de légumineuses. Dans cette recette, les acides aminés manquants dans le quinoa sont apportés par le fromage. Le quinoa est aussi une bonne source de fer, de cuivre et de manganèse. Ses fibres améliorent le transit et jouent un rôle dans la régulation de la glycémie et de la cholestérolémie.

TARTARE DE QUINOA ET DE RADIS
fromage frais aux herbes

POUR 4 PERSONNES
PRÉPARATION : 30 MIN · CONGÉLATION : 15 MIN · CUISSON : 10 MIN

- 120 g de quinoa rouge
- 120 g de quinoa blanc
- 20 gros radis
- 2 cuill. à soupe de graines de moutarde
- sel et poivre

Pour le fromage aux herbes

- 1/2 botte de ciboulette
- 3 branches d'estragon
- 200 g de fromage frais demi-sel (type Carré Frais®)

Pour la sauce

- 3 cuill. à soupe de jus de citron
- 3 cuill. à soupe d'huile d'olive
- 2 cuill. à soupe d'huile de sésame

1 Rincez soigneusement le quinoa (rouge et blanc ensemble) dans une passoire. Mettez-le dans une casserole avec 2 fois son volume d'eau froide. Salez, portez à ébullition, puis laissez cuire de 8 à 10 minutes à feu moyen. Ôtez du feu, couvrez et laissez le quinoa gonfler 10 minutes.

2 Préparez le fromage aux herbes. Ciselez la ciboulette, hachez les feuilles d'estragon. Mélangez les herbes avec le fromage frais, du sel et du poivre. Placez-le au congélateur pour 15 minutes.

3 Pendant ce temps, rafraîchissez le quinoa sous l'eau froide, puis égouttez-le. Coupez les radis en petits cubes. Mélangez-les dans un saladier avec le quinoa et les graines de moutarde.

4 Préparez la sauce. Mélangez le jus de citron dans un bol avec du sel et du poivre. Ajoutez les deux huiles en fouettant pour émulsionner la sauce. Versez sur le tartare de quinoa.

5 Répartissez le tartare dans quatre verrines. Formez des quenelles de fromage en vous aidant de deux cuillères à soupe. Déposez-les sur le tartare et servez.

CONSEIL

Pour un tartare plus complet, ajoutez des figues et des abricots secs coupés en petits cubes ainsi que des pignons de pin grillés.

L'AVIS DE LA NUTRITIONNISTE

Comme tous les produits de la mer, le crabe est une source fabuleuse d'acides gras essentiels (oméga 3) qui contribuent à la prévention des maladies cardio-vasculaires. Il apporte aussi des protéines de haute valeur biologique, du cuivre, du zinc, du sélénium et de la vitamine B12. Cette dernière, présente seulement dans les produits issus du règne animal, est très importante car sa carence peut causer des anémies.

MINI-CONCOMBRES FARCIS
au quinoa et au crabe

POUR 4 PERSONNES
PRÉPARATION : 45 MIN · DÉGORGEMENT : 20 MIN · CUISSON : 8 MIN

* 4 mini-concombres
* 120 g de quinoa rouge
* 2 échalotes
* 1/2 botte de ciboulette
* 2 cuill. à soupe de graines de courge
* 200 g de chair de crabe
* le jus de 1 citron
* 3 cuill. à soupe d'huile d'olive
* sel et poivre

1 Coupez les concombres en deux dans le sens de la longueur. Retirez le cœur avec une petite cuillère. Salez-les puis retournez-les sur une grille et laissez-les dégorger 20 minutes.

2 Rincez soigneusement le quinoa dans une passoire. Mettez-le dans une casserole avec 2 fois son volume d'eau froide. Salez, portez à ébullition et laissez cuire 8 minutes à feu moyen. Ôtez du feu, couvrez et laissez le quinoa gonfler 15 minutes.

3 Pendant ce temps, pelez et hachez les échalotes, ciselez la ciboulette. Faites griller les graines de courge à sec dans une poêle pendant 5 minutes ; laissez-les refroidir.

4 Passez le quinoa sous l'eau froide, puis égouttez-le. Dans un saladier, mélangez-le avec la chair de crabe, les échalotes et la ciboulette, salez et poivrez. Préparez une vinaigrette en émulsionnant le jus de citron et l'huile d'olive, salez et poivrez. Versez-la sur le quinoa et mélangez.

5 Garnissez les concombres de mélange au quinoa. Parsemez de graines de courge et servez.

VARIANTE
Vous pouvez remplacer le crabe par des queues de crevette coupées en petits morceaux et rissolées.

L'AVIS DE LA NUTRITIONNISTE

Le melon est un fruit facilitant l'élimination. En effet, il est riche en fibres qui améliorent le transit, mais il présente également un bon rapport potassium/sodium qui favorise l'élimination de l'eau.

Il est aussi intéressant pour son apport en provitamine A : 100 g de melon couvrent 50 % des besoins quotidiens en ce précurseur de la vitamine A, qui joue un rôle dans la bonne santé de la peau et des muqueuses.

SALADE DE QUINOA
au melon et à la feta

POUR 4 PERSONNES
PRÉPARATION : 30 MIN · CUISSON : 10 MIN ENVIRON

* 300 g de quinoa
* 400 g de melon
* 250 g de feta
* 1/2 bulbe de fenouil
* 80 g d'amandes effilées

Pour la vinaigrette
* 10 feuilles de menthe
* 3 cuill. à soupe de jus de citron
* 1 pointe de couteau de harissa
* 6 cuill. à soupe d'huile d'olive
* sel et poivre

1 Rincez soigneusement le quinoa dans une passoire. Mettez-le dans une casserole avec 3 fois son volume d'eau froide. Salez, portez à ébullition, laissez cuire 7 ou 8 minutes à feu moyen. Ôtez du feu, couvrez et laissez le quinoa gonfler 15 minutes, puis passez-le sous l'eau froide et égouttez-le.

2 Pendant ce temps, épluchez et épépinez le melon, coupez-le en petits cubes. Détaillez la feta en cubes aussi. Nettoyez et râpez finement le fenouil. Faites griller les amandes à sec dans une poêle.

3 Préparez la vinaigrette. Ciselez la menthe. Mélangez le jus de citron dans un bol avec la harissa, salez et poivrez. Ajoutez 2 cuillerées à soupe d'eau, l'huile d'olive et la menthe.

4 Dans un saladier, mélangez délicatement le quinoa, le melon, la feta et le fenouil. Versez la vinaigrette et mélangez encore. Placez la salade au frais jusqu'au moment de servir. Répartissez-la dans les assiettes et parsemez d'amandes grillées.

CONSEIL : Dégustez cette salade en entrée ou pour accompagner des grillades ou des merguez.

L'AVIS DE LA NUTRITIONNISTE

L'apport en protéines du sarrasin est très équilibré. Dans ces wraps, cet équilibre est renforcé par les protéines contenues dans le lait, les œufs et le crabe. Accompagnés d'une salade, par exemple, ces wraps pourront même constituer un repas. Les grands allergiques devront toutefois les consommer avec précaution, car le sarrasin représente un risque important d'allergie.

WRAPS DE SARRASIN
aux légumes et au crabe

POUR 4 PERSONNES
PRÉPARATION : 40 MIN - REPOS DE LA PÂTE : 1 H - CUISSON : 15 MIN ENVIRON

1 Réalisez la pâte à galettes. Mélangez la farine, les œufs et le sel dans un récipient. Versez le lait en fouettant, laissez reposer la pâte 1 heure.

2 Dans une grande poêle graissée, faites cuire 4 grandes galettes 1 ou 2 minutes de chaque côté. Laissez-les refroidir.

3 Préparez la garniture. Épluchez et râpez les carottes, le concombre et la pomme. Épluchez et émincez le céleri. Préparez la sauce en mélangeant dans un saladier la mayonnaise, le jus de citron, 3 ou 4 cuillerées à soupe d'eau froide, le curry, du sel et du poivre. Ajoutez les légumes et la chair de crabe. Mélangez délicatement et placez au frais.

4 Juste avant de servir, répartissez la garniture sur les galettes, puis roulez-les celles-ci bien serré. Dégustez aussitôt.

CONSEIL : Vous pouvez ajouter de la salade émincée et toutes sortes de légumes râpés selon vos envies et la saison.

Pour la pâte à galettes
* 200 g de farine de sarrasin
* 2 œufs
* 1 pincée de sel
* 25 cl de lait
* huile pour graisser la poêle

Pour la garniture
* 2 carottes
* 1/3 de concombre
* 1 pomme verte
* 1 grande branche de céleri
* 2 cuill. à soupe de mayonnaise
* le jus de 1/2 citron
* 1/2 cuill. à café de curry
* 300 g de chair de crabe
* sel et poivre

L'AVIS
DE LA NUTRITIONNISTE

Le boulgour est fabriqué à partir de blé dur (il contient donc du gluten) précuit, séché et concassé. Comme le blé, il est riche en protéines et en fer. Grâce aux glucides complexes qui le composent, il se digère lentement et ne fait pas beaucoup augmenter la glycémie, ce qui en fait un aliment de choix pour les diabétiques. Ceux qui surveillent leur poids apprécieront son effet rassasiant qui en fait un parfait allié « antifringales ».

TABOULÉ AUX RAISINS SECS
et aux tomates

POUR 4 PERSONNES
PRÉPARATION : 30 MIN · CUISSON : 10 MIN · RÉFRIGÉRATION : 30 MIN

- 300 g de boulgour de blé
- 100 g de raisins secs blonds
- le jus de 1 orange
- 4 tomates
- 80 g de pignons de pin
- 10 feuilles de menthe
- le jus de 1/2 citron
- 5 cuill. à soupe d'huile d'olive
- sel et poivre

1 Rincez le boulgour dans une passoire. Mettez-le dans une casserole avec 2 fois son volume d'eau. Salez, portez à ébullition, laissez cuire de 8 à 10 minutes à feu moyen. Ôtez du feu, couvrez et laissez le boulgour gonfler 15 minutes, puis égouttez-le et passez-le sous l'eau froide.

2 Pendant ce temps, faites tremper les raisins secs dans le jus d'orange. Lavez les tomates, incisez leur base avec la pointe d'un couteau, plongez-les 20 secondes dans de l'eau bouillante. Rafraîchissez-les sous l'eau froide, pelez-les et coupez-les en petits cubes. Mettez-les dans un bol avec du sel et du poivre. Faites griller les pignons de pin à sec dans une poêle. Ciselez la menthe.

3 Mélangez le boulgour dans un saladier avec les pignons, les cubes de tomate et la menthe ; salez et poivrez. Ajoutez les raisins secs et le jus d'orange, le jus de citron et l'huile d'olive. Mélangez délicatement. Placez le taboulé 30 minutes au frais avant de servir.

CONSEIL Pour garder le croquant des pignons et la fraîcheur des cubes de tomate, évitez de préparer le taboulé trop à l'avance.

CONSEIL

Vous pouvez ajouter du poulet grillé froid coupé en petits cubes ou bien des moules cuites décortiquées préalablement marinées dans un peu d'huile d'olive et des herbes hachées.

L'AVIS DE LA NUTRITIONNISTE

L'artichaut est un légume aux nombreuses qualités nutritionnelles. Sa richesse en sels minéraux, particulièrement en potassium et en magnésium, favorise l'élimination de l'eau par les reins. C'est aussi une excellente source de vitamines du groupe B et de vitamine C. En phytothérapie, il est couramment utilisé pour stimuler et nettoyer le foie. Pensez donc à préparer cette recette pour un lendemain de fête !

FONDS D'ARTICHAUT FARCIS
au taboulé de sarrasin

POUR 4 PERSONNES
PRÉPARATION : 1 H · CUISSON : 45 MIN

* 150 g de sarrasin décortiqué
* 8 fonds d'artichaut
* 2 tomates
* 1 poivron rouge
* 1 poivron vert
* 1 poivron jaune
* 120 g de tofu
* 2 cuill. à soupe d'huile d'olive
* 80 g de graines de pavot
* sel et poivre

Pour la vinaigrette

* 10 feuilles de basilic
* 4 feuilles de menthe
* le jus de 1 citron
* 4 cuill. à soupe d'huile d'olive

1 Rincez le sarrasin dans une passoire. Mettez-le dans une casserole avec 4 fois son volume d'eau. Salez, portez à ébullition et laissez cuire 40 minutes à feu moyen. Dans une autre casserole, faites cuire les fonds d'artichaut 20 minutes à l'eau bouillante salée. Une fois cuits, égouttez et rafraîchissez sarrasin et fonds d'artichaut sous l'eau froide, toujours séparément.

2 Plongez les tomates 20 secondes dans de l'eau bouillante. Rafraîchissez-les sous l'eau froide, pelez-les et coupez-les en petits cubes. Épépinez les poivrons et détaillez-les en petits cubes. Coupez le tofu en petits cubes de la même taille.

3 Préparez la vinaigrette. Ciselez le basilic et la menthe. Dans un bol, mélangez le jus de citron avec du sel et du poivre. Ajoutez l'huile d'olive et les herbes.

4 Mélangez le sarrasin dans un récipient avec les cubes de poivrons, de tofu et de tomates. Salez et poivrez, ajoutez la vinaigrette.

5 Badigeonnez les fonds d'artichaut avec l'huile d'olive à l'aide d'un pinceau, puis roulez-les dans le pavot. Garnissez-les avec le taboulé et dégustez.

CONSEIL

Vous pouvez faire rôtir les fonds d'artichaut de 6 à 8 minutes dans le four chaud avant de les garnir de taboulé de sarrasin.

L'AVIS DE LA NUTRITIONNISTE

Le Kamut® est une ancienne variété de blé dur (il contient donc du gluten). Son grain renferme plus de protéines composées d'acides aminés essentiels que le blé. Riche en sélénium, il aide à combattre la formation des radicaux libres et l'apparition des maladies cardio-vasculaires. Grâce à sa teneur en magnésium, il contribue à lutter contre le stress et la fatigue.

POÊLÉE DE KAMUT®
aux carottes et au chorizo

POUR 4 PERSONNES
PRÉPARATION : 30 MIN · CUISSON : 30 MIN ENVIRON

* 280 g de boulgour de Kamut®
* 12 petites carottes nouvelles avec leurs fanes
* 30 g de beurre
* 1 cuill. à soupe de coriandre en graines
* 1 cuill. à soupe de sucre en poudre
* 120 g de chorizo piquant
* 3 cuill. à soupe d'huile d'olive
* sel et poivre

1 Rincez le boulgour dans une passoire. Mettez-le dans une casserole avec 3 fois son volume d'eau froide. Salez, portez à ébullition, laissez cuire de 8 à 10 minutes à feu moyen. Ôtez du feu, couvrez et laissez le boulgour gonfler 15 minutes. Égouttez-le.

2 Pendant ce temps, épluchez les carottes en gardant un peu de leur vert. Coupez-les en deux si elles sont trop grosses. Dans une casserole, faites-les revenir 4 ou 5 minutes dans le beurre, à feu doux. Salez et poivrez, ajoutez la coriandre et le sucre. Remuez les carottes pour bien les enrober de sucre. Versez de l'eau de manière qu'elle recouvre tout juste les carottes et couvrez le tout d'une feuille de papier sulfurisé. Laissez cuire de 15 à 20 minutes à feu moyen, jusqu'à ce que les carottes soient fondantes.

3 Épluchez le chorizo et coupez-le en petits morceaux. Mettez l'huile à chauffer dans une grande poêle et faites rissoler le chorizo pendant 2 minutes. Ajoutez le boulgour et faites sauter le tout.

4 Répartissez la préparation dans les assiettes, déposez les carottes dessus avec leur jus de cuisson et servez aussitôt.

L'AVIS DE LA NUTRITIONNISTE

Le wasabi est une plante originaire du Japon dont la racine sert de condiment, un peu comme celle du raifort.
Il est de couleur verte et a un goût prononcé, parfois même très fort. Selon la médecine traditionnelle, le wasabi aurait des vertus anticariogènes, en empêchant les bactéries responsables des caries de se fixer sur les dents.
Il soulagerait aussi les personnes atteintes de maladies respiratoires et fluidifierait le sang.

BOULGOUR AUX COQUILLAGES

sauce au wasabi

POUR 4 PERSONNES
PRÉPARATION : 45 MIN · CUISSON : 30 MIN ENVIRON

1 Lavez les coquillages plusieurs fois, puis égouttez-les. Pelez et hachez l'oignon, épluchez et émincez le céleri. Dans un grand faitout, faites fondre oignon et céleri pendant 3 minutes avec 20 g de beurre à feu moyen. Ajoutez les coquillages, le thym, le vin et du poivre. Couvrez et laissez cuire de 8 à 10 minutes à feu vif. Égouttez les coquillages en gardant le jus de cuisson. Laissez-les refroidir puis décortiquez-les.

2 Rincez le boulgour dans une passoire. Mettez-le dans une casserole avec 3 fois son volume d'eau froide. Salez, portez à ébullition, laissez cuire 10 minutes à feu moyen. Ôtez du feu, couvrez et laissez le boulgour gonfler 15 minutes.

3 Pendant ce temps, filtrez 50 cl de jus de cuisson des coquillages. Faites-le réduire d'un tiers dans une casserole à feu moyen. Ajoutez le reste du beurre en morceaux tout en fouettant, laissez bouillir 3 minutes. Éteignez le feu, ajoutez le wasabi et fouettez encore. Réchauffez les coquillages 5 minutes dans la sauce à feu doux, sans faire bouillir.

4 Égouttez le boulgour, répartissez-le dans les assiettes. Déposez les coquillages, nappez de sauce et servez.

* 1,5 kg de coques fraîches
* 1,5 kg de moules fraîches
* 1 oignon
* 1 branche de céleri
* 70 g de beurre froid
* 1 bouquet de thym
* 15 cl de vin blanc
* 250 g de boulgour de blé
* 1 cuill. à café bombée de wasabi en tube
* sel et poivre

L'AVIS DE LA NUTRITIONNISTE

Le pois chiche est riche en protéines végétales et pauvre en graisses. Il apporte aussi des fibres qui contribuent au bon fonctionnement digestif. Si toutes les boulettes d'agneau ont été mangées et qu'il vous reste des pois chiches et du bouillon, n'hésitez pas à les resservir, même sans viande. Proposez-les avec du riz, blanc ou complet, et vous obtiendrez un plat végétarien bien parfumé grâce au bouillon. Vous pouvez alors compléter le repas par une crème ou un flan aux œufs.

BOULETTES D'AGNEAU ET DE BOULGOUR

nage de pois chiches

POUR 4 PERSONNES
PRÉPARATION : 45 MIN - CUISSON : 25 MIN ENVIRON

- 200 g de boulgour de blé
- 50 cl de bouillon de légumes
- 1 cuill. à café de concentré de tomate
- 1 cuill. à café de harissa
- 400 g de pois chiches en conserve
- 1 oignon moyen
- 600 g de viande d'agneau hachée
- 2 cuill. à soupe de graines de carvi
- 100 g de farine de blé
- 2 brins de coriandre
- 3 ou 4 cuill. à soupe d'huile d'olive
- sel et poivre

1 Rincez le boulgour dans une passoire. Mettez-le dans une casserole avec 2 fois son volume d'eau. Salez, portez à ébullition, laissez cuire 7 ou 8 minutes à feu moyen. Ôtez du feu, couvrez et laissez le boulgour gonfler 15 minutes, puis égouttez-le et laissez-le refroidir.

2 Faites bouillir le bouillon de légumes pendant 8 à 10 minutes dans une casserole avec le concentré de tomate, la harissa, du sel et du poivre. Rincez les pois chiches, ajoutez-les au bouillon, baissez le feu au minimum pour maintenir le tout au chaud.

3 Pelez et hachez l'oignon. Mélangez-le avec le boulgour, la viande hachée, le carvi, du sel et du poivre. Formez 12 grosses boulettes légèrement plates. Roulez-les dans la farine. Faites-les cuire dans une grande poêle à l'huile d'olive pendant 6 à 8 minutes de chaque côté.

4 Ciselez la coriandre, ajoutez-la au bouillon de pois chiches. Répartissez celui-ci dans des assiettes creuses, déposez 3 boulettes dorées dans chacune d'elles et dégustez aussitôt.

CONSEIL Vous aimez le sucré-salé ? Faites caraméliser l'oignon 3 minutes avec un peu de miel.

L'AVIS DE LA NUTRITIONNISTE

Ce plat représente un apport calorique non négligeable. Il serait cependant bien dommage de s'en passer tant il est délicieux. Aussi, comme toujours dans ces cas-là, n'oubliez pas d'en savourer chaque bouchée, de prendre conscience de chacun des arômes présents, et de manger très lentement afin de bien sentir votre seuil de satiété. En effet, il vous indiquera de façon très précise que vous avez assez mangé.

ORGE PERLÉ
aux tomates cerises et à la poitrine fumée

POUR 4 PERSONNES
PRÉPARATION : 15 MIN · CUISSON : 1 H

* 250 g d'orge perlé
* 4 grappes de tomates cerises
* 8 tranches de poitrine fumée
* 2 cuill. à soupe d'huile d'olive
* 15 cl de vinaigre balsamique
* 30 g de beurre froid
* sel et poivre

1 Rincez l'orge dans une passoire. Mettez-le dans une casserole avec 5 fois son volume d'eau froide. Salez, portez à ébullition et laissez cuire 45 minutes à feu moyen.

2 Pendant ce temps, préchauffez le four à 180 °C (th. 6). Lavez les tomates cerises en prenant soin de garder les grappes entières. Déposez-les sur une plaque de four recouverte de papier sulfurisé. Coupez la poitrine fumée en morceaux, déposez-la à côté des tomates. Salez et poivrez les tomates, arrosez-les d'huile. Enfournez pour 6 à 8 minutes.

3 Dans une poêle, faites réduire d'un tiers le vinaigre balsamique avec du sel et du poivre. Ajoutez le beurre en morceaux en fouettant.

4 Une fois cuit, égouttez l'orge, ajoutez-le à la sauce chaude ainsi que les morceaux de poitrine fumée. Disposez les grappes de tomates rôties et laissez chauffer quelques minutes. Servez aussitôt.

L'AVIS DE LA NUTRITIONNISTE

Voilà une délicieuse variante des traditionnels légumes farcis, plat phare de l'été. Les courgettes sont des légumes très riches en eau et en oligoéléments (phosphore, calcium, magnésium). Elles contiennent aussi quasiment toutes les vitamines mais en quantité modérée, surtout après cuisson. N'hésitez pas à consommer leur peau, comme dans cette recette (surtout si vos légumes sont bio), car c'est là que l'on trouve les concentrations de vitamines les plus fortes.

COURGETTES FARCIES
au boulgour et au bœuf haché

POUR 4 PERSONNES
PRÉPARATION : 40 MIN · CUISSON : 45 MIN ENVIRON

* 150 g de boulgour de blé
* 4 grosses courgettes rondes
* 4 cuill. à soupe d'huile d'olive
* 1/2 oignon blanc
* 250 g de bœuf haché
* 1 tomate
* 30 cl de bouillon de légumes
* 1 cuill. à café de concentré de tomate
* 1 petit bouquet de cerfeuil
* 70 g de parmesan râpé
* sel et poivre

1 Rincez le boulgour dans une passoire. Mettez-le dans une casserole avec 2 fois son volume d'eau. Salez, portez à ébullition, laissez cuire 7 ou 8 minutes à feu moyen. Ôtez du feu, couvrez et laissez le boulgour gonfler 15 minutes.

2 Préchauffez le four à 180 °C (th. 6). Coupez la partie supérieure des courgettes et creusez délicatement leur chair à l'aide d'une cuillère. Déposez-les dans un plat à gratin. Arrosez-les de la moitié d'huile, salez et poivrez. Couvrez les courgettes d'une feuille d'aluminium et enfournez-les pour 10 minutes.

3 Pendant ce temps, pelez et hachez l'oignon. Dans une poêle, mettez à chauffer le reste d'huile et faites-y fondre l'oignon pendant 3 minutes. Ajoutez la viande, laissez rissoler 3 minutes à feu vif, salez et poivrez. Coupez la tomate en dés. Ajoutez-la à la viande ainsi que 25 cl de bouillon de légumes et le concentré de tomate. Laissez cuire 10 minutes à feu moyen en remuant régulièrement.

4 Ciselez le cerfeuil. Égouttez le boulgour, mélangez-le avec la viande et son liquide de cuisson.

Ajoutez le cerfeuil et la moitié du parmesan. Farcissez les courgettes de ce mélange, saupoudrez-les du parmesan restant. Versez le reste du bouillon dans le fond du plat à gratin. Mettez les courgettes farcies à cuire 15 minutes au four. Servez bien chaud.

L'AVIS DE LA NUTRITIONNISTE

Voici une recette de salade-repas bien équilibrée. Elle apporte des protéines d'origines variées grâce au poulet et au boulgour. On trouve les protéines aussi dans le comté, qui est en plus une excellente source de calcium.

En tant que féculents, le pain et le boulgour vont assurer une satiété satisfaisante. Côté légumes, cette salade ne contient que des tomates, aussi, n'hésitez pas à compléter votre repas par des fruits de saison bien frais.

SALADE DE BOULGOUR
à l'émincé de poulet

POUR 4 PERSONNES
PRÉPARATION : 30 MIN - CUISSON : 20 MIN

- 300 g de boulgour de blé
- 4 blancs de poulet
- 4 cuill. à soupe d'huile d'olive
- 4 tranches de pain de campagne
- 200 g de comté
- 4 petites tomates jaunes
- 1 botte de ciboulette

Pour la vinaigrette
- 2 cuill. à soupe de vinaigre de vin
- 1 cuill. à soupe de moutarde
- 3 cuill. à soupe d'huile de tournesol
- sel et poivre

1 Rincez le boulgour dans une passoire. Mettez-le dans une casserole avec 2 fois son volume d'eau. Salez, portez à ébullition, laissez cuire 7 ou 8 minutes à feu moyen. Ôtez du feu, couvrez et laissez le boulgour gonfler 15 minutes, puis passez-le sous l'eau froide et égouttez-le.

2 Pendant ce temps, salez et poivrez les blancs de poulet. Faites-les griller avec 1 cuillerée à soupe d'huile d'olive de 12 à 15 minutes, sur un gril ou dans une poêle, à feu moyen. Laissez refroidir.

3 Coupez le pain en cubes et faites-le griller dans 3 cuillerées à soupe d'huile pendant 2 minutes. Coupez le fromage en cubes. Détaillez les tomates en tranches. Émincez les blancs de poulet refroidis. Ciselez la ciboulette.

4 Préparez la vinaigrette. Mélangez le vinaigre avec 3 cuillerées à soupe d'eau froide, du sel et du poivre. Ajoutez la moutarde et l'huile en fouettant.

5 Dans un saladier, mélangez délicatement le poulet, le boulgour, le fromage, la ciboulette, les tomates, les croûtons et la vinaigrette. Servez aussitôt.

CONSEIL Préparez cette salade au dernier moment pour garder le croustillant des croûtons et le croquant du boulgour.

L'AVIS DE LA NUTRITIONNISTE

L'orge est un aliment riche en protéines, en fibres et en antioxydants (vitamine E, par exemple) qui protègent nos cellules du vieillissement dû aux radicaux libres. Ses fibres permettent de lutter contre un transit paresseux. Sa teneur en magnésium et en phosphore n'est pas négligeable. Cependant, cette céréale contient du gluten et ne doit donc pas être consommée par les personnes qui ne le tolèrent pas.

SOUPE À LA VIANDE *et à l'orge*

POUR 4 PERSONNES
PRÉPARATION : 30 MIN - CUISSON : 1 H 25

* 2 carottes
* 1 oignon
* 20 g de gingembre frais
* 200 g d'orge perlé
* 600 g de noix de veau
* 3 ou 4 cuill. à soupe d'huile d'olive
* 150 g de tomates pelées en conserve
* 1 branche de thym
* 1 feuille de laurier
* 1 cube de bouillon de légumes
* 2 branches de coriandre
* sel et poivre

1 Épluchez les carottes et coupez-les en cubes. Pelez et hachez l'oignon. Épluchez et râpez le gingembre. Rincez l'orge dans une passoire.

2 Coupez la viande en cubes de 1 cm de côté. Dans une cocotte, mettez l'huile à chauffer et faites revenir la viande pendant 5 minutes. Retirez-la de la cocotte, mettez l'oignon à sa place, laissez-le fondre 3 minutes.

3 Remettez la viande dans la cocotte avec les cubes de carotte, les tomates, le gingembre, le thym, le laurier, du sel et du poivre. Versez 2 l d'eau, ajoutez l'orge et le cube de bouillon. Portez à ébullition, puis laissez cuire 1 h 15 à feu moyen et à découvert.

4 Au moment de servir, ajoutez la coriandre ciselée dans la soupe et dégustez.

VARIANTE : Remplacez le veau par de l'agneau et ajoutez 2 pommes de terre coupées en gros cubes en même temps que les autres légumes.

L'AVIS DE LA NUTRITIONNISTE

La coriandre est une plante dont on utilise les feuilles et les graines. Ici, ce sont les feuilles fraîches qui donneront tout leur arôme à ces samoussas. Comme beaucoup d'épices ou de plantes aromatiques, la coriandre est riche en antioxydants. Sa particularité réside dans sa richesse en vitamine K qui joue un rôle prépondérant dans les mécanismes de la coagulation sanguine.

SAMOUSSAS AU BOULGOUR *et au poulet*

POUR 4 PERSONNES
PRÉPARATION : 30 MIN · CUISSON : 30 MIN

* 120 g de boulgour de blé
* 2 blancs de poulet
* 1 oignon rouge moyen
* 4 branches de coriandre
* 1/2 piment rouge
* 3 cuill. à soupe d'huile d'olive
* 1 cuill. à soupe de miel liquide
* 6 feuilles de brick
* 1 blanc d'œuf
* sel et poivre

1 Rincez le boulgour dans une passoire. Mettez-le dans une casserole avec 2 fois son volume d'eau froide. Salez, portez à ébullition, laissez cuire 8 minutes à feu moyen. Ôtez du feu, couvrez et laissez le boulgour gonfler 15 minutes.

2 Coupez le poulet en petits cubes. Pelez et hachez l'oignon, hachez la coriandre et le piment. Mettez l'huile à chauffer dans une poêle et faites fondre l'oignon 3 minutes à feu moyen. Ajoutez les morceaux de poulet, salez, poivrez, laissez dorer de 6 à 8 minutes. Ajoutez le miel et le piment, faites caraméliser légèrement. Hors du feu, ajoutez la coriandre, mélangez, puis laissez refroidir.

3 Préchauffez le four à 200 °C (th. 6-7). Rafraîchissez le boulgour sous l'eau froide, égouttez-le et mélangez-le à la préparation au poulet.

4 Coupez les feuilles de brick en deux. Déposez 1 ou 2 cuillerées de farce à l'extrémité de chaque demi-feuille et repliez celle-ci en biais pour recouvrir la farce en formant un triangle. Faites un nouveau pli en retournant le triangle sur la feuille et ainsi de suite, jusqu'à la fin de la feuille. Collez l'extrémité avec du blanc d'œuf. Déposez les samoussas sur une plaque de four. Enfournez de 8 à 10 minutes. Servez dès la sortie du four.

L'AVIS DE LA NUTRITIONNISTE

La noix est un fruit à coque dont l'intérêt nutritionnel n'est plus à démontrer : elle contient des antioxydants et des acides gras essentiels, les oméga 3, qui jouent un rôle dans la prévention des maladies cardio-vasculaires. Elle apporte principalement du magnésium, de la vitamine E et des vitamines du groupe B. C'est donc un aliment qui devrait figurer au menu tous les jours, soit dans des salades comme ici, ou bien en guise de collation pour attendre sereinement le repas suivant quand on ressent une petite faim.

SALADE DE QUINOA
au magret fumé et aux noix

POUR 4 PERSONNES
PRÉPARATION : 40 MIN · CUISSON : 10 MIN

- 200 g de quinoa blanc
- 100 g de quinoa rouge
- 1 courgette jaune
- 200 g de magret de canard fumé en tranches
- 2 branches de cerfeuil
- 75 g de cerneaux de noix
- 200 g de germes de soja en conserve
- sel et poivre

Pour la vinaigrette
- 3 ou 4 cuill. à soupe de vinaigre de cidre
- 5 ou 6 cuill. à soupe d'huile de noix

1 Rincez soigneusement le quinoa (blanc et rouge ensemble) dans une passoire. Mettez-le dans une casserole avec 2 fois son volume d'eau. Salez, portez à ébullition et laissez cuire 8 minutes à feu moyen. Ôtez du feu, couvrez et laissez le quinoa gonfler 15 minutes.

2 Tranchez finement la courgette, de préférence à l'aide d'une mandoline. Retirez le gras des tranches de magret puis émincez-les. Hachez grossièrement le cerfeuil et les noix. Égouttez et rincez les germes de soja.

3 Préparez la vinaigrette. Mélangez le vinaigre dans un bol avec du sel et du poivre. Ajoutez l'huile de noix en fouettant.

4 Passez le quinoa sous l'eau froide, puis égouttez-le. Dans un saladier, mélangez-le avec les courgettes et les germes de soja. Arrosez de vinaigrette. Répartissez la salade dans les assiettes. Parsemez de noix, de magret fumé et de cerfeuil. Dégustez aussitôt.

CONSEIL
Vous pouvez enrichir cette salade en ajoutant des œufs de caille durs coupés en deux et des petits croûtons de pain dorés à l'huile de noix.

L'AVIS DE LA NUTRITIONNISTE

Les abricots secs sont obtenus après déshydratation d'abricots frais. Ils sont donc plus concentrés en vitamines et en sels minéraux que ces derniers. C'est une excellente source de vitamine A, laquelle contribue à la bonne santé de la peau et des muqueuses et à la vision nocturne, à quoi s'ajoute une bonne activité antioxydante. Les abricots sont riches en potassium, en fer, en cuivre et en magnésium, ce qui en fait un excellent aliment à consommer après un effort sportif pour favoriser la récupération des minéraux perdus par la transpiration.

POÊLÉE DE QUINOA
aux aiguillettes de volaille et aux abricots

POUR 4 PERSONNES
PRÉPARATION : 30 MIN · CUISSONS : 15 MIN

* 300 g de quinoa blanc
* 12 abricots secs moelleux
* 3 cuill. à soupe d'huile d'olive
* 16 aiguillettes de poulet
* 2 cuill. à soupe de miel liquide
* 80 g de pistaches non salées
* 3 cuill. à soupe de sauce soja sucrée
* 3 cuill. à soupe de sauce soja salée
* 1/2 botte de ciboulette
* 25 g de beurre
* sel et poivre

1 Rincez soigneusement le quinoa dans une passoire. Mettez-le dans une casserole avec 2 fois son volume d'eau froide. Salez, portez à ébullition, puis laissez cuire 7 ou 8 minutes à feu moyen. Ôtez du feu, couvrez et laissez le quinoa gonfler 15 minutes. Pendant ce temps, coupez les abricots en morceaux.

2 Dans une poêle, faites chauffer l'huile et saisissez les aiguillettes 2 minutes de chaque côté. Salez et poivrez. Ajoutez le miel, les morceaux d'abricots et les pistaches ; laissez légèrement caraméliser. Versez les deux sauces soja dans la poêle et laissez cuire 3 ou 4 minutes à feu vif.

3 Ciselez la ciboulette. Égouttez le quinoa, mélangez-le avec le beurre. Répartissez-le dans les assiettes. Déposez les aiguillettes et la garniture, nappez de sauce et parsemez de ciboulette. Servez aussitôt.

VARIANTE : Au moment de faire revenir les aiguillettes, ajoutez quelques petits oignons nouveaux (avec leur tige verte) coupés en morceaux.

L'AVIS DE LA NUTRITIONNISTE

Comme les autres légumes de la famille des choux, les brocolis contiennent des substances qui ont un effet protecteur face aux cancers et qui sont une excellente source de vitamines C et B9. La vitamine B9, appelée aussi acide folique, est très importante dans le développement neurologique de l'embryon en tout début de grossesse. Il est donc recommandé aux jeunes femmes enceintes ou qui souhaitent l'être de consommer régulièrement des aliments qui en sont riches.

ÉPEAUTRE AU POULET SAUTÉ *à la thaïe*

POUR 4 PERSONNES
PRÉPARATION : 30 MIN - CUISSON : 45 MIN

* 250 g d'épeautre
* 4 oignons nouveaux avec leur tige
* 2 gousses d'ail
* 1 morceau de 40 g de gingembre frais
* 1/2 piment vert
* 400 g de brocolis
* 3 cuill. à soupe d'huile d'olive
* 4 blancs de poulet
* 3 cuill. à soupe de sauce soja salée
* 3 cuill. à soupe de sauce soja sucrée
* 6 feuilles de basilic thaï ou classique
* sel et poivre

1 Rincez l'épeautre dans une passoire. Mettez-le dans une casserole avec 5 fois son volume d'eau froide. Salez, portez à ébullition, puis laissez cuire 45 minutes à feu moyen.

2 Pendant ce temps, pelez et émincez les oignons (gardez un peu de tige pour la décoration), épluchez et râpez le gingembre, hachez le piment, pelez et hachez l'ail. Détachez les bouquets des brocolis et faites-les cuire de 8 à 10 minutes à la vapeur.

3 Dans une poêle, mettez l'huile à chauffer et faites dorer les blancs de poulet de 6 à 8 minutes de chaque côté. Salez et poivrez. Retirez les blancs de la poêle et remplacez-les par les oignons, le gingembre, le piment et l'ail. Laissez cuire 3 minutes, puis versez les deux sauces soja et laissez réduire légèrement à feu moyen.

4 Égouttez l'épeautre. Réchauffez-le dans la sauce. Émincez le poulet et ajoutez-le. Répartissez le tout dans des assiettes, déposez dessus les brocolis chauds et parsemez de basilic et d'oignon ciselés. Servez aussitôt.

CONSEIL

Si vous n'avez pas de sauce soja sucrée, remplacez-la par de la sauce soja salée mélangée à 1 cuillerée à soupe de miel liquide.

L'AVIS DE LA NUTRITIONNISTE

Le saumon fait partie des poissons gras dont la consommation régulière (deux à trois fois par semaine) est recommandée par les médecins pour leur effet protecteur contre les maladies cardio-vasculaires. Ce sont les acides gras essentiels (oméga 3) contenus dans la chair de ces poissons roses qui leur confèrent ces propriétés, mais ils ont aussi d'autres vertus, puisqu'ils jouent un rôle dans la prévention des dépressions et des maladies inflammatoires des articulations.

GRATIN DE QUINOA *et de potiron au saumon*

POUR 4 PERSONNES
PRÉPARATION : 40 MIN · CUISSON : 45 MIN ENVIRON

* 300 g de quinoa rouge
* 600 g de potiron
* 1 cube de bouillon de légumes
* 110 g de beurre
* 120 g de parmesan râpé
* 500 g de filet de saumon
* 80 g de chapelure + 20 g pour le plat
* sel et poivre
* beurre pour le plat

1 Rincez soigneusement le quinoa dans une passoire. Mettez-le dans une casserole avec 2 fois son volume d'eau froide. Salez, portez à ébullition, puis laissez cuire 7 ou 8 minutes à feu moyen. Ôtez du feu, couvrez et laissez le quinoa gonfler 15 minutes, puis égouttez-le.

2 Pendant ce temps, épluchez le potiron, coupez-le en morceaux. Dans une casserole, portez de l'eau à ébullition avec le cube de bouillon, ajoutez le potiron ; salez et poivrez. Faites cuire 20 minutes à feu moyen. Égouttez le potiron et mixez-le avec 80 g de beurre en morceaux et la moitié du parmesan. Coupez le saumon en tranches de 4 ou 5 mm d'épaisseur.

3 Préchauffez le four à 200 °C (th. 6-7). Beurrez légèrement un plat à gratin, chemisez-le de chapelure.

4 Mélangez la purée de potiron et le quinoa. Mettez-en la moitié dans le plat. Déposez les tranches de saumon, puis le reste du mélange. Parsemez la surface de chapelure, de parmesan restant et répartissez le reste de beurre en morceaux. Enfournez pour 15 à 20 minutes. Servez le gratin dès la sortie du four.

VARIANTE

Remplacez le saumon par 350 g de chair de crabe, à mélanger avec la purée de potiron, le quinoa et la moitié du parmesan.

L'AVIS DE LA NUTRITIONNISTE

Comparés aux autres légumes, les petits pois possèdent un taux élevé de protéines et de glucides complexes, ce qui leur confère un pouvoir rassasiant plus marqué. Ils ont par ailleurs un index glycémique assez bas.

Leur intérêt nutritionnel réside également dans leur richesse en fibres qui favorisent un bon transit intestinal et dans les vitamines qu'ils apportent : celles du groupe B et la vitamine C sont particulièrement bien représentées.

QUINOA AU HADDOCK
et aux petits pois, façon risotto

POUR 4 PERSONNES
PRÉPARATION : 20 MIN · CUISSON : 20 MIN

* 25 cl de fumet de poisson
* 1 oignon moyen
* 240 g de quinoa
* 3 cuill. à soupe d'huile d'olive
* 10 cl de vin blanc
* 400 g de petits pois écossés, frais ou surgelés
* 400 g de filets de haddock
* 40 g de beurre
* 80 g de parmesan râpé
* sel et poivre

1 Dans une casserole, faites chauffer le fumet de poisson avec 25 cl d'eau. Pelez et hachez l'oignon. Rincez soigneusement le quinoa.

2 Dans une autre casserole, mettez l'huile à chauffer et faites fondre l'oignon 5 minutes à feu doux. Ajoutez le quinoa, mélangez, puis versez le vin. Laissez bouillir 3 minutes à feu vif, versez le fumet de poisson bouillant en une seule fois. Salez, poivrez, portez à ébullition. Ajoutez les petits pois et laissez cuire de 8 à 10 minutes à feu doux. Ôtez la casserole du feu, couvrez et laissez le quinoa gonfler 10 minutes.

3 Pendant ce temps, plongez le haddock dans de l'eau frémissante et laissez-le pocher 3 minutes. Égouttez-le sur du papier absorbant et détaillez-le en petits morceaux.

4 Déposez le beurre coupé en morceaux et le parmesan sur le quinoa. Remuez pour bien enrober le tout, puis ajoutez le haddock et mélangez délicatement. Servez aussitôt.

VARIANTE Remplacez le haddock par du saumon fumé, à ajouter au dernier moment, en même temps que le parmesan.

L'AVIS DE LA NUTRITIONNISTE

Comme tous les aliments venus de la mer, les crevettes sont riches en protéines de haute qualité biologique, en acides gras essentiels indispensables dans la protection contre les maladies cardio-vasculaires ainsi qu'en minéraux tels que le phosphore ou le sélénium lequel a un fort pouvoir antioxydant. Les crevettes sont une source non négligeable de vitamines B3 et B12. Afin de composer un menu bien équilibré, complétez ce risotto par une entrée à base de légumes (salade composée, poireaux vinaigrette, etc.).

ÉPEAUTRE AUX CREVETTES *façon risotto*

POUR 4 PERSONNES
PRÉPARATION : 30 MIN - CUISSON : 50 À 55 MIN

* 250 g d'épeautre
* 1 oignon
* 3 cuill. à soupe d'huile d'olive
* 1,5 l de bouillon de légumes
* 2 gousses d'ail
* 1 bouquet de persil
* 600 g de grosses crevettes cuites
* 80 g de beurre froid
* 100 g de parmesan râpé
* sel et poivre

1 Rincez l'épeautre dans une passoire. Pelez et hachez l'oignon. Dans une sauteuse, faites-le fondre 3 minutes dans 1 cuillerée à soupe d'huile. Ajoutez l'épeautre, mélangez, puis versez le bouillon de légumes froid. Salez et poivrez, portez à ébullition et laissez cuire de 45 à 50 minutes à feu moyen, en remuant régulièrement.

2 Pendant ce temps, pelez et hachez l'ail, ciselez le persil. Décortiquez les crevettes. Saisissez-les 3 minutes dans une poêle avec le reste d'huile. Ajoutez l'ail, le persil et 20 g de beurre. Enrobez les crevettes de cette persillade, éteignez le feu et réservez au chaud.

3 Une fois l'épeautre cuit (il aura absorbé presque tout le bouillon), ajoutez le reste du beurre en morceaux et le parmesan. Mélangez pour lier la préparation, ajoutez les crevettes et servez aussitôt.

L'AVIS DE LA NUTRITIONNISTE

Grâce aux crevettes et à l'épeautre, qui apportent des protéines, cette salade est très complète. Les betteraves sont riches en vitamines du groupe B alors que les poivrons regorgent de vitamine C.

Les graines de pavot – qui, rassurez-vous, ne contiennent pas d'opium – contribuent, avec les betteraves et l'épeautre, à faire de cette salade une source de fibres très intéressante.

SALADE D'ÉPEAUTRE
aux crevettes et à la betterave

POUR 4 PERSONNES
PRÉPARATION : 40 MIN • CUISSON : 50 MIN

* 350 g d'épeautre
* 1 petite betterave crue
* 2 poivrons jaunes ou orange
* 10 cl d'huile d'olive
* 28 crevettes roses décortiquées
* 60 g de graines de pavot
* 3 cuill. à soupe de jus de citron
* 2 branches de coriandre
* sel et poivre

1 Rincez l'épeautre dans une passoire. Mettez-le dans une casserole avec 5 fois son volume d'eau froide. Salez, portez à ébullition et laissez cuire 45 minutes à feu doux.

2 Épluchez et râpez finement la betterave. Épépinez les poivrons et détaillez-les en petits bâtonnets.

3 Faites chauffer 3 cuillerées à soupe d'huile dans une poêle et saisissez les crevettes pendant 3 minutes. Parsemez-les de graines de pavot, faites-les sauter dans la poêle pour les enrober de graines, puis laissez tiédir.

4 Préparez la sauce. Mélangez le jus de citron dans un bol avec du sel et du poivre. Ajoutez le reste d'huile en fouettant.

5 Égouttez l'épeautre et rafraîchissez-le sous l'eau froide. Mettez-le dans un saladier avec les poivrons, les crevettes et les trois quarts de la vinaigrette au citron. Mélangez le reste de vinaigrette avec la betterave râpée. Ciselez la coriandre. Répartissez la salade dans les assiettes, déposez un « buisson » de betterave dessus, parsemez de coriandre et servez.

CONSEIL Servez cette salade tiède et ajoutez des croûtons dorés à l'ail.

L'AVIS DE LA NUTRITIONNISTE

La morue est un poisson des mers froides longtemps considéré comme étant de « deuxième catégorie ». Heureusement, il est aujourd'hui de plus en plus apprécié et cuisiné dans des plats qui mettent en valeur sa saveur fine et sa chair ferme. La morue contient tous les acides aminés essentiels et constitue une source d'oméga 3, d'iode, de sélénium et de vitamine B12 très intéressante.

EFFEUILLÉ DE MORUE
et épeautre grillé au cumin

POUR 4 PERSONNES
PRÉPARATION : 30 MIN · CUISSON : 50 MIN

* 300 g d'épeautre
* 600 g de filets de morue dessalée
* 1 gousse d'ail
* 1 petit bouquet de persil plat
* 60 g de chapelure
* 10 cl d'huile d'olive
* 1 cuill. à soupe de graines de cumin
* 1 cuill. à soupe de cumin en poudre
* sel et poivre

1 Rincez l'épeautre dans une passoire. Mettez-le dans une casserole avec 5 fois son volume d'eau froide. Salez, portez à ébullition, laissez cuire 45 minutes à feu doux.

2 Pendant ce temps, faites pocher la morue de 6 à 8 minutes dans de l'eau frémissante. Égouttez-la, laissez-la refroidir dans une assiette. Pelez et hachez l'ail. Ciselez le persil. Dans un bol, mélangez la chapelure, le persil, l'ail et du poivre.

3 Émiettez délicatement la morue. Faites chauffer la moitié de l'huile dans une poêle et mettez la morue à rissoler 3 minutes à feu vif. Ajoutez la chapelure persillée et les graines de cumin. Mélangez, laissez cuire encore 3 minutes, toujours à feu vif, puis ôtez du feu.

4 Égouttez l'épeautre. Saisissez-le 5 minutes à feu vif dans une grande poêle avec le reste d'huile et le cumin en poudre. Répartissez-le dans les assiettes, déposez la morue dessus. Dégustez aussitôt.

VARIANTE : Remplacez la morue par du cabillaud. Dans ce cas, faites-le cuire de 6 à 8 minutes à la vapeur puis laissez-le refroidir avant de l'émietter.

L'AVIS DE LA NUTRITIONNISTE

Le curcuma tient son nom de la curcumine, une substance dont les propriétés antioxydantes ont été démontrées in vitro et chez les animaux. C'est une épice aux multiples vertus : elle est recherchée pour ses propriétés anti-inflammatoires et pour son action protectrice sur le foie. N'oubliez pas le poivre dans cette recette, car il augmente de façon importante l'absorption de la curcumine par l'organisme.

PAELLA DE KAMUT®
aux moules et au curcuma

POUR 4 PERSONNES
PRÉPARATION : 45 MIN · CUISSON : 40 MIN

1 Lavez et nettoyez les moules. Émincez le céleri. Pelez et hachez l'oignon. Dans une grande casserole, faites fondre la moitié de l'oignon et le céleri dans le beurre. Ajoutez les moules, le thym, le vin et du poivre. Couvrez et laissez cuire de 8 à 10 minutes à feu vif. Laissez les moules tiédir, décortiquez-les et filtrez le liquide de cuisson. Gardez un volume de ce liquide correspondant à 3 fois le volume de Kamut®.

2 Épépinez les poivrons et détaillez-les en grosses lanières. Rincez le Kamut® dans une passoire.

3 Dans une poêle à paella, ou une grande sauteuse, faites fondre le reste de l'oignon dans l'huile. Ajoutez les lanières de poivron, laissez-les dorer légèrement, puis mettez le Kamut® et mélangez. Versez le liquide de cuisson réservé, ajoutez le curcuma et du sel. Laissez cuire 30 minutes à feu moyen en remuant régulièrement.

4 Environ 2 minutes avant la fin de la cuisson, répartissez les moules décortiquées sur le Kamut®. Éteignez le feu, couvrez et laissez gonfler 15 minutes avant de servir.

* 2 kg de moules
* 1 branche de céleri
* 1 oignon
* 30 g de beurre
* 1 branche de thym
* 20 cl de vin blanc
* 2 poivrons rouges
* 300 g de Kamut®
* 3 cuill. à soupe d'huile d'olive
* 1 cuill. à café de curcuma
* sel et poivre

L'AVIS DE LA NUTRITIONNISTE

Les haricots verts sont des légumes dont l'apport vitaminique est très varié. Ils apportent simultanément de la vitamine A, de la vitamine C et la plupart des vitamines du groupe B. Ne les faites pas cuire plus que nécessaire afin que ces précieuses vitamines ne s'altèrent pas. Ils contiennent également du magnésium, très utile en période de stress ou de fatigue, ainsi que des fibres. Dans cette recette, la vitamine C des légumes favorise l'absorption du fer contenu dans le quinoa et le poisson.

QUINOA AUX LÉGUMES VERTS
et à la dorade marinée

POUR 4 PERSONNES
PRÉPARATION : 40 MIN · RÉFRIGÉRATION : 20 MIN · CUISSON : 20 MIN

* 200 g de quinoa blanc
* 3 citrons verts
* 1 cuill. à café rase de sucre
* 10 cl d'huile d'olive
* 400 à 500 g de filets de dorade sans la peau
* 100 g de haricots verts
* 100 g de pois gourmands
* 100 g de petits pois
* 80 g de fèves
* quelques brins de cerfeuil
* sel et poivre

1 Rincez soigneusement le quinoa dans une passoire. Mettez-le dans une casserole avec 2 fois son volume d'eau froide. Salez, portez à ébullition, laissez cuire 7 ou 8 minutes à feu moyen. Ôtez du feu, couvrez et laissez le quinoa gonfler 15 minutes.

2 Râpez finement le zeste de 1 citron, pressez les trois fruits. Dans un bol, préparez une vinaigrette sucrée en mélangeant la moitié du jus de citron, le sucre, la moitié de l'huile d'olive, du sel et du poivre. Dans un autre bol, préparez une marinade en mélangeant le reste du jus de citron et de l'huile d'olive, du sel et du poivre.

3 Coupez les filets de dorade en tranches. Mettez-les dans un plat, versez la marinade et mélangez pour bien enrober les tranches. Placez 20 minutes au frais.

4 Faites cuire les haricots verts 10 minutes à l'eau bouillante salée, et les pois gourmands, les petits pois et les fèves, 4 ou 5 minutes. Égouttez-les et rafraîchissez-les dans de l'eau très froide.

5 Rafraîchissez le quinoa sous l'eau froide, puis égouttez-le. Coupez les haricots en morceaux et les pois gourmands en lanières. Mélangez tous les légumes

dans un saladier avec la vinaigrette sucrée et le quinoa. Disposez la dorade et le mélange au quinoa bien frais dans des assiettes, parsemez de zestes de citron et de cerfeuil ciselé. Servez aussitôt.

L'AVIS DE LA NUTRITIONNISTE

Le miel est un aliment fabriqué par les abeilles à partir du nectar qu'elles ont butiné dans les fleurs. Les sucres qui le composent sont des sucres simples qui ont une très bonne digestibilité. Le miel apporte peu de minéraux ou de vitamines mais il contient des flavonoïdes, substances antioxydantes qui aident à protéger nos cellules contre les radicaux libres. Enfin, l'index glycémique du miel (c'est-à-dire la capacité d'augmenter le taux de sucre dans le sang) est plus faible que celui du sucre.

SALADE D'ORGE
et de melon aux crevettes

POUR 4 PERSONNES
PRÉPARATION : 30 MIN · TREMPAGE : 12 H · CUISSON : 45 MIN

* 300 g d'orge perlé
* 20 crevettes roses décortiquées
* 1/2 melon
* 120 g de pecorino (fromage italien)
* 1 grosse courgette
* 2 branches de cerfeuil
* sel et poivre

Pour la vinaigrette
* 1 cuill. à soupe de miel
* 3 cuill. à soupe de vinaigre de cidre
* 2 cuill. à soupe d'huile de sésame
* 3 cuill. à soupe d'huile de tournesol

1 La veille, mettez l'orge à tremper dans de l'eau froide pendant 12 heures. Le lendemain, égouttez-le et rincez-le dans une passoire. Mettez-le dans une casserole avec 4 fois son volume d'eau. Portez à ébullition, salez, laissez cuire 45 minutes à feu moyen.

2 Préparez la vinaigrette. Faites tiédir le miel et le vinaigre dans une casserole. Hors du feu, salez et poivrez, ajoutez les deux huiles en fouettant. Mettez les crevettes dans la vinaigrette et laissez refroidir.

3 Épluchez et épépinez le melon, coupez-le en cubes. Coupez le fromage de la même manière. Détaillez la courgette en petits bâtonnets. Ciselez le cerfeuil.

4 Égouttez et rafraîchissez l'orge. Dans un saladier, réunissez l'orge, les cubes de melon et de fromage, les bâtonnets de courgette et les crevettes avec la vinaigrette. Mélangez, parsemez de cerfeuil et servez.

CONSEIL : Pour ajouter du croustillant, râpez du pecorino, étalez-le sur une plaque recouverte de papier sulfurisé et faites-le cuire de 6 à 8 minutes au four préchauffé à 200 °C (th. 6-7). Laissez refroidir et répartissez des brisures de pecorino sur la salade.

L'AVIS DE LA NUTRITIONNISTE

Poisson gras, l'anchois apporte des acides gras essentiels, qui jouent un rôle capital dans la prévention des maladies cardio-vasculaires. De plus, il renferme plusieurs vitamines comme la vitamine D, dont la carence est très fréquente. Il contient également de la vitamine A ainsi que des oligoéléments comme le fer, dont l'absorption sera facilitée ici par la présence de la vitamine C dont regorgent les poivrons.

SALADE NIÇOISE *au quinoa*

POUR 4 PERSONNES
PRÉPARATION : 40 MIN · CUISSON : 20 MIN

* 250 g de quinoa rouge et blanc, mélangés
* 2 œufs
* 200 g de haricots verts
* 1 poivron vert
* 1 poivron rouge
* 2 tomates moyennes
* 4 oignons nouveaux
* 200 g de thon à l'huile
* 8 filets d'anchois
* 100 g de petites olives noires
* sel et poivre

Pour la vinaigrette

* le jus de 1/2 citron
* 3 cuill. à soupe de vinaigre
* 10 cl d'huile d'olive

1 Rincez soigneusement le quinoa dans une passoire. Mettez-le dans une casserole avec 2 fois son volume d'eau froide. Salez, portez à ébullition, laissez cuire 8 minutes à feu moyen. Ôtez du feu, couvrez et laissez gonfler le quinoa 15 minutes.

2 Faites durcir les œufs pendant 10 minutes. Équeutez les haricots et faites-les cuire 10 minutes à l'eau bouillante salée. Égouttez-les et rafraîchissez-les sous l'eau froide. Épépinez et émincez les poivrons. Coupez les tomates en quartiers. Pelez et émincez les oignons. Écalez les œufs et coupez en quatre. Égouttez et émiettez le thon.

3 Préparez la vinaigrette. Dans un bol, mélangez le jus de citron avec le vinaigre, du sel et du poivre. Ajoutez l'huile en fouettant.

4 Rafraîchissez le quinoa sous l'eau froide, puis égouttez-le. Répartissez-le dans les assiettes. Disposez les poivrons, les haricots verts, 2 quartiers d'œuf dur, 2 ou 3 quartiers de tomate, 2 anchois, un peu d'oignon, des miettes de thon et des olives. Placez les assiettes au frais. Avant de servir, nappez de vinaigrette et poivrez.

L'AVIS DE LA NUTRITIONNISTE

Voici un excellent plat végétarien. Grâce à l'association du tofu, du quinoa et des œufs, les apports en protéines sont suffisants et bien équilibrés en acides aminés essentiels (ceux que notre organisme ne sait pas fabriquer et qui doivent donc être apportés par l'alimentation). Grâce à ces mêmes aliments, la teneur en fer de ces croquettes est très correcte. Complétez votre repas avec un dessert riche en vitamine C, comme une salade de fruits frais, pour optimiser l'absorption du fer.

CROQUETTES DE QUINOA
au tofu et à l'aubergine

POUR 4 PERSONNES
PRÉPARATION : 40 MIN · CUISSON : 50 MIN

* 2 aubergines
* 10 cl d'huile d'olive
* 150 g de quinoa
* 1 oignon rouge
* 250 g de tofu
* 100 g de farine
* 2 œufs
* 150 g de chapelure
* sel et poivre

1 Préchauffez le four à 180 °C (th. 6). Coupez les aubergines en deux dans le sens de la longueur. Faites des incisions dans la chair avec la pointe d'un couteau puis arrosez-les avec 2 cuillerées à soupe d'huile. Salez et poivrez, enveloppez-les dans une feuille d'aluminium. Enfournez pour 30 à 35 minutes.

2 Pendant ce temps, rincez soigneusement le quinoa dans une passoire. Mettez-le dans une casserole avec 2 fois son volume d'eau froide. Salez, portez à ébullition, laissez cuire de 8 à 10 minutes à feu moyen. Ôtez du feu, couvrez et laissez le quinoa gonfler 15 minutes.

3 Pelez et hachez l'oignon. Dans une poêle, faites-le fondre 5 minutes dans 2 cuillerées à soupe d'huile.

4 Égouttez très soigneusement le quinoa. Coupez le tofu en petits morceaux. Sortez les aubergines du four, laissez-les refroidir dans l'aluminium. Prélevez leur chair à l'aide d'une cuillère, hachez-la, puis laissez-la s'égoutter dans une passoire.

5 Préparez les croquettes. Dans un saladier, mélangez le quinoa, l'oignon, le tofu, la chair d'aubergine, 25 g de farine, du sel et du poivre. Cassez les œufs

dans une assiette, mettez le reste de la farine dans une deuxième assiette et la chapelure dans une troisième. Formez des palets de 8 cm de diamètre. Panez-les en les passant dans la farine, puis dans l'œuf battu et enfin dans la chapelure. Réservez au frais.

6 Dans une poêle, faites dorer les palets dans l'huile restante. Servez avec une salade de chou rouge cru agrémentée de noix et d'une vinaigrette à l'huile de noix.

L'AVIS DE LA NUTRITIONNISTE

De nombreuses études ont mis en évidence une corrélation entre une consommation régulière de tomates et une moindre incidence des cancers. Il semblerait que ce soit une substance appelée « lycopène » qui soit à l'origine de cette protection. La présence en quantités non négligeables de vitamines C et E et de fibres dans la chair de la tomate augmenterait l'efficacité du lycopène. C'est dans ces synergies entre les différents constituants d'un aliment que réside l'intérêt de consommer des fruits et des légumes plutôt que des compléments alimentaires !

TOMATES FARCIES
au quinoa et aux légumes

POUR 4 PERSONNES
PRÉPARATION : 40 MIN · CUISSON : 20 MIN ENVIRON

* 200 g de quinoa rouge
* 2 œufs
* 1 carotte
* 1 courgette
* 6 cuill. à soupe d'huile d'olive
* 2 branches de persil plat
* 3 cuill. à soupe de vinaigre doux
* 8 tomates moyennes
* sel et poivre

1 Rincez soigneusement le quinoa dans une passoire. Mettez-le dans une casserole avec 2 fois son volume d'eau, salez. Portez à ébullition et faites cuire 7 ou 8 minutes à feu moyen. Ôtez du feu, couvrez et laissez le quinoa gonfler 15 minutes.

2 Pendant ce temps, faites durcir les œufs pendant 10 minutes. Rafraîchissez-les sous l'eau froide. Épluchez la carotte et la courgette, coupez-les en petits cubes.

3 Dans une poêle, mettez à chauffer la moitié d'huile et faites fondre les cubes de carotte pendant 4 ou 5 minutes ; salez et poivrez. Ajoutez les cubes de courgette, laissez cuire encore 4 ou 5 minutes ; les légumes doivent rester croquants. Écalez et hachez les œufs durs. Ciselez le persil.

4 Préparez la vinaigrette. Dans un bol, mélangez le vinaigre avec du sel et du poivre, puis ajoutez le reste d'huile en fouettant.

5 Égouttez le quinoa et versez-le dans le saladier. Ajoutez les légumes cuits, les œufs hachés, le persil et la vinaigrette. Placez au frais.

6 Plongez les tomates 20 secondes dans de l'eau bouillante. Égouttez-les et plongez-les aussitôt dans de l'eau froide, puis pelez-les. Coupez les chapeaux et, à l'aide d'une cuillère, retirez délicatement les graines. Salez et poivrez l'intérieur des tomates, garnissez-les avec la préparation au quinoa. Servez aussitôt.

L'AVIS DE LA NUTRITIONNISTE

L'ail, très présent dans cette soupe - n'oubliez pas que le pistou en contient aussi - est un véritable concentré de « bonne santé ». Malgré sa petite taille, il semble doté de pouvoirs très puissants. Il a en effet une action préventive sur les cancers de l'appareil digestif et on lui attribue la capacité de réduire les risques cardio-vasculaires. Bien entendu, il faut en consommer régulièrement pour profiter de ces propriétés, et cette soupe est une façon particulièrement savoureuse de le faire.

MINESTRONE *à l'épeautre*

POUR 4 À 6 PERSONNES
PRÉPARATION : 40 MIN - CUISSON : 1 H ENVIRON

* 250 g d'épeautre
* 2 pommes de terre moyennes
* 1 grosse branche de céleri
* 2 carottes
* 200 g de haricots verts
* 1 courgette
* 1 oignon
* 2 gousses d'ail
* 3 cuill. à soupe d'huile d'olive
* 2 cuill. à soupe de pistou
* 80 g de parmesan râpé
* sel

1 Rincez l'épeautre dans une passoire. Mettez-le dans une casserole avec 5 fois son volume d'eau froide. Salez, portez à ébullition, laissez cuire 30 minutes à feu moyen.

2 Pendant ce temps, épluchez et coupez en petits cubes les pommes de terre, le céleri et les carottes. Équeutez les haricots, coupez-les en tronçons. Coupez la courgette en petits cubes. Pelez et hachez l'oignon et l'ail.

3 Mettez l'huile à chauffer dans une cocotte et faites fondre ail et oignon pendant 3 minutes à feu moyen. Ajoutez les cubes de céleri, de carotte et de pomme de terre. Versez 2 l d'eau dans la cocotte, salez. Portez à ébullition, laissez cuire 20 minutes à feu moyen.

4 Égouttez l'épeautre, mettez-le dans la cocotte, puis ajoutez les haricots et les courgettes. Laissez cuire encore 20 minutes à feu moyen. Éteignez le feu, ajoutez le pistou, mélangez. Servez le minestrone bien chaud avec le parmesan râpé.

CONSEIL : Vous pouvez ajouter 100 g de petites pâtes en même temps que l'épeautre dans la cocotte.

L'AVIS DE LA NUTRITIONNISTE

Les épinards font partie des légumes auxquels on attribue un rôle dans la prévention des cancers. Ils renferment des fibres en grande quantité, de la vitamine C et E, de la provitamine A, du magnésium et du sélénium. Ils contiennent aussi une quantité non négligeable de fer, mais son absorption par l'organisme n'est pas très bonne. L'association dans cette recette avec la vitamine C du citron pourra l'optimiser. Terminez le repas avec des fruits eux aussi riches en vitamine C, comme la goyave, le kiwi ou les fruits rouges.

QUICHE AUX ÉPINARDS *et au fromage de chèvre*

POUR 4 À 6 PERSONNES
PRÉPARATION : 25 MIN · REPOS DE LA PÂTE : 3 H · CUISSON : 40 MIN ENVIRON

* 250 g d'épinards frais
* 20 g de beurre
* le jus de 1/2 citron
* 1 œuf entier
* 2 jaunes d'œufs
* 15 cl de lait
* 10 cl de crème liquide
* 3 crottins de chèvre
* sel et poivre

Pour la pâte
* 300 g de farine d'épeautre
* 1 cuill. à café rase de sel
* 25 g de graines de courge
* 150 g de beurre ramolli
* 3 ou 4 cuill. à soupe d'eau froide

1 Préparez la pâte. Dans un grand récipient, mélangez la farine, le sel et les graines de courge. Ajoutez le beurre en petits morceaux. Malaxez puis ajoutez l'eau et pétrissez rapidement pour obtenir une pâte homogène. Formez une boule, laissez-la reposer 3 heures au frais.

2 Sur le plan de travail légèrement fariné, étalez la pâte sur 5 mm d'épaisseur environ. Garnissez-en un moule à tarte de 24 cm de diamètre. Piquez le fond avec une fourchette. Placez le moule au frais.

3 Préchauffez le four à 180 °C (th. 6). Équeutez et lavez les épinards. Dans une casserole, faites-les fondre avec le beurre et le jus de citron pendant 3 minutes ; salez et poivrez. Égouttez-les dans une passoire. Dans un grand bol, mélangez l'œuf entier et les jaunes d'œufs, le lait et la crème ; salez et poivrez. Coupez les fromages en rondelles.

4 Répartissez les épinards égouttés sur la pâte, versez la préparation aux œufs, puis disposez les rondelles de chèvre. Enfournez pour 30 à 35 minutes. Servez la quiche tiède, avec une salade aux herbes fraîches.

L'AVIS DE LA NUTRITIONNISTE

Les asperges sont des légumes riches en fibres et en antioxydants Elles ont aussi une véritable action diurétique grâce au fructosane, à l'asparagine et à un rapport potassium/sodium élevé. Enfin, leurs fibres ont la particularité d'être très douces ce qui leur confère une grande digestibilité, même pour les intestins les plus fragiles. Si vous ajoutez des cubes de jambon de Parme, vous obtenez un plat parfaitement équilibré en protéines.

ÉPEAUTRE AUX ASPERGES *façon risotto*

POUR 4 PERSONNES
PRÉPARATION : 30 MIN · CUISSON : 50 MIN

* 250 g d'épeautre
* 1 oignon
* 3 cuill. à soupe d'huile d'olive
* 1,5 l de bouillon de légumes
* 16 asperges vertes
* 90 g de beurre
* 1 bouquet de cerfeuil
* 100 g de parmesan râpé
* sel et poivre

1 Rincez l'épeautre dans une passoire. Pelez et hachez l'oignon. Dans une sauteuse, faites-le fondre avec l'huile d'olive pendant 3 minutes. Ajoutez l'épeautre rincé, mélangez, puis versez le bouillon de légumes froid ; salez et poivrez. Portez à ébullition et laissez cuire de 45 à 50 minutes, à feu moyen, en remuant régulièrement.

2 Pendant ce temps, épluchez les asperges et faites-les cuire 3 minutes à l'eau bouillante salée. Égouttez-les, rafraîchissez-les sous l'eau froide. Coupez-les en trois puis faites-les dorer 2 minutes dans une poêle dans 20 g de beurre ; salez et poivrez. Ciselez le cerfeuil.

3 Une fois l'épeautre cuit (il aura absorbé presque tout le bouillon), ajoutez le reste du beurre froid en morceaux et le parmesan. Mélangez pour lier la préparation, ajoutez les asperges et le cerfeuil. Servez aussitôt.

VARIANTE : Ajoutez 200 g de cubes de jambon de Parme et faites-les rissoler avec les asperges.

L'AVIS
DE LA NUTRITIONNISTE

Le maïs se consomme en grains, en semoule (la polenta), en son de maïs, en huile, en farine ou même en épi. Ici, il est utilisé en grains entiers, que l'on trouve facilement en conserve ou en bocal. Le maïs est riche en fibres et en protéines, et s'accommode aussi bien sucré que salé. Cependant, par précaution, veillez à le choisir sans OGM.

VELOUTÉ DE MAÏS AU MILLET
et chips de parmesan

POUR 4 PERSONNES
PRÉPARATION : 30 MIN · CUISSON : 55 MIN

1 Pelez et émincez l'oignon. Dans une casserole, faites-le fondre dans 2 cuillerées à soupe d'huile d'olive pendant 5 minutes. Ajoutez les grains de maïs, salez et poivrez. Versez le lait et la crème dans la casserole. Portez à ébullition, laissez cuire 10 minutes à feu moyen, puis mixez.

2 Filtrez le velouté, remettez-le dans la casserole, ajoutez le millet et laissez cuire de 35 à 40 minutes à feu doux, en remuant régulièrement.

3 Pendant ce temps, détaillez les courgettes en petits cubes. Mettez à chauffer le reste d'huile dans une poêle et faites cuire les courgettes de 8 à 10 minutes à feu moyen ; salez et poivrez.

4 Préchauffez le four à 180 °C (th. 6). Sur une plaque recouverte de papier sulfurisé, étalez le parmesan en une couche de 2 mm d'épaisseur. Enfournez pour 6 à 8 minutes. Laissez le parmesan refroidir, puis cassez-le en morceaux.

5 Une fois le millet cuit, ajoutez les courgettes dans le velouté. Répartissez le velouté dans des assiettes creuses ou dans des bols et parsemez de coriandre ciselée. Servez avec les chips de parmesan.

* 1 oignon
* 3 cuill. à soupe d'huile d'olive
* 350 g de grains de maïs en conserve
* 50 cl de lait
* 10 cl de crème liquide
* 200 g de millet
* 2 courgettes moyennes
* 100 g de parmesan râpé
* 2 branches de coriandre fraîche
* sel et poivre

L'AVIS DE LA NUTRITIONNISTE

L'avocat est un fruit riche en très bons acides gras permettant de lutter contre l'accumulation du mauvais cholestérol. Il a donc une action préventive contre les maladies cardio-vasculaires. Il apporte également de nombreuses vitamines dont une quantité non négligeable de vitamine B9, ou acide folique, particulièrement importante en début de grossesse.

SALADE DE KAMUT®
à l'avocat et aux champignons noirs

POUR 4 PERSONNES
PRÉPARATION : 40 MIN · CUISSON : 10 MIN

- 300 g de boulgour de Kamut®
- 40 g de champignons noirs séchés
- 2 avocats
- le jus de 1/2 citron
- 1 cuill. à café de wasabi en tube
- 3 ou 4 cuill. à soupe de vinaigre de riz
- 3 cuill. à soupe d'huile de tournesol
- 1 courgette jaune
- 4 petits oignons nouveaux
- 200 g de feta
- sel et poivre

1 Rincez le boulgour de Kamut®. Mettez-le dans une casserole avec 3 fois son volume d'eau froide. Salez, portez à ébullition et faites cuire de 8 à 10 minutes à feu moyen. Ôtez du feu, couvrez et laissez le boulgour gonfler 15 minutes.

2 Faites tremper les champignons dans de l'eau froide. Coupez les avocats en deux, dénoyautez-les, puis retirez délicatement leur peau. Détaillez-les en tranches et citronnez-les. Réservez l'équivalent d'un quart d'avocat et mettez le reste au frais, dans une assiette.

3 Préparez la vinaigrette. Mettez l'avocat réservé dans un récipient haut avec le wasabi, le vinaigre, l'huile, 3 cuillerées à soupe d'eau froide et du sel. Mixez pour obtenir une sauce liquide (ajoutez un peu d'eau froide si nécessaire).

4 Râpez la courgette sur une râpe à gros trous. Rafraîchissez le boulgour sous l'eau froide, puis égouttez-le. Égouttez et pressez les champignons pour en extraire le maximum d'eau. Émincez-les finement. Pelez et émincez les oignons et leur tige verte. Coupez la feta en petits morceaux.

5 Dans un saladier, mélangez le boulgour avec la courgette râpée, les petits oignons et les champignons noirs. Ajoutez les tranches d'avocat, la feta et la sauce au wasabi. Mélangez très délicatement et réservez au frais jusqu'au moment de servir.

VARIANTE : Vous pouvez remplacer la feta par des morceaux de tofu fumé.

L'AVIS DE LA NUTRITIONNISTE

Le quinoa, riche en protéines végétales, en magnésium et en potassium, s'associe à des légumes d'été gorgés de vitamines. Ainsi, le poivron est l'un des légumes les plus riches en vitamine C ; ses pigments jaunes, orangés ou rouges contiennent des antioxydants. Les aubergines, riches en fibres, ont un pouvoir diurétique grâce à leur teneur élevée en potassium associée à une relative pauvreté en sodium. Les courgettes contiennent quant à elles presque toutes les vitamines, mais en dose modérée. N'hésitez pas à garder la peau des légumes pour bien conserver toutes les vitamines.

FINE RATATOUILLE
au quinoa

POUR 4 PERSONNES
PRÉPARATION : 30 MIN · CUISSON : 40 MIN

* 300 g de quinoa blanc
* 1 grosse courgette
* 1 petite aubergine
* 1 poivron rouge
* 1 poivron vert
* 1 poivron jaune
* 1/2 oignon jaune
* 1 gousse d'ail
* 6 cuill. à soupe d'huile d'olive
* 2 branches de thym frais
* sel et poivre

1 Rincez soigneusement le quinoa dans une passoire. Mettez-le dans une casserole avec 2 fois son volume en eau. Salez, portez à ébullition et faites cuire de 8 à 10 minutes. Ôtez du feu, couvrez et laissez le quinoa gonfler 10 minutes, puis égouttez-le et réservez-le au chaud.

2 Lavez la courgette et l'aubergine. Détaillez-les en petits cubes. Épépinez les poivrons et détaillez-les en petits cubes. Pelez et hachez l'oignon et l'ail.

3 Dans une poêle, mettez à chauffer 3 cuillerées à soupe d'huile et faites cuire les aubergines pendant 8 à 10 minutes ; salez et poivrez.

4 Dans une autre poêle, faites fondre l'oignon et l'ail 3 minutes à feu moyen dans 2 cuillerées à soupe d'huile. Ajoutez le poivron, le thym, salez et poivrez. Laissez cuire 10 minutes à feu doux.

5 Égouttez les aubergines dans une passoire. Mettez le reste d'huile dans la poêle et faites cuire les courgettes de 6 à 8 minutes à feu moyen ; salez et poivrez. Égouttez les cubes de poivron et de courgette dans la passoire avec les aubergines. Mélangez le tout avec le quinoa et servez aussitôt.

L'AVIS DE LA NUTRITIONNISTE

Le poireau se compose d'une partie blanche et d'une partie verte.
Si la teneur en fibres est à peu près la même dans les deux parties, la nature de ces fibres diffère.
Dans le blanc, ce sont des mucilages, fibres très bien tolérées qui donnent sa consistance moelleuse au blanc de poireau et luttent contre la paresse intestinale de façon très douce.
Dans le vert, en revanche, les fibres sont des celluloses qui stimulent le transit de façon plus active.
Cette recette qui n'utilise que les blancs du poireau est donc recommandée pour les intestins fragiles.

GRATIN CRÉMEUX *de poireau et de boulgour*

POUR 4 PERSONNES
PRÉPARATION : 20 MIN · CUISSON : 40 MIN

* 250 g de boulgour de blé
* 4 poireaux
* 40 g de beurre
* 15 cl de crème liquide
* 200 g de fromage de chèvre frais
* sel et poivre

1 Rincez le boulgour dans une passoire. Mettez-le dans une casserole avec 2 fois son volume d'eau froide. Salez, portez à ébullition et faites cuire 7 ou 8 minutes à feu moyen. Ôtez du feu, couvrez et laissez le boulgour gonfler 15 minutes.

2 Épluchez, lavez et émincez les blancs de poireau. Faites fondre le beurre dans une casserole, ajoutez les poireaux égouttés, salez et poivrez. Laissez cuire de 12 à 15 minutes, à feu moyen, en remuant régulièrement.

3 Préchauffez le four à 180 °C (th. 6). Dans une casserole, portez la crème liquide à ébullition. Hors du feu, ajoutez le fromage en morceaux, salez et poivrez. Mélangez au fouet pour lisser la sauce.

4 Égouttez le boulgour. Mélangez-le dans un saladier avec les poireaux cuits et la sauce au fromage. Répartissez la préparation dans un plat à gratin, lissez la surface. Enfournez pour 20 minutes. Servez dès la sortie du four.

CONSEIL : Idéal pour accompagner une viande blanche ou un poisson.

L'AVIS DE LA NUTRITIONNISTE

Ces galettes, délicieuses en accompagnement d'une viande ou d'un poisson pour le déjeuner, peuvent tout à fait être dégustées seules pour un dîner léger. En effet, les œufs et le fromage apportent des protéines d'origine animale, l'orge fournit des protéines d'origine végétale et des glucides complexes. Afin d'augmenter la quantité de légumes, un peu faible, finissez avec une salade composée et choisissez un fruit pour le dessert.

GALETTES DE POIREAU ET D'ORGE
au fromage frais

POUR 8 GALETTES
PRÉPARATION : 40 MIN · TREMPAGE : 12 H · CUISSON : 1 H 15

- 150 g d'orge perlé
- 2 blancs de poireau
- 40 g de beurre
- 3 œufs
- 200 g de fromage frais
- 60 g de farine
- 3 cuill. à soupe d'huile de tournesol
- sel et poivre

1 La veille, faites tremper l'orge dans un récipient d'eau froide. Le lendemain, rincez-le soigneusement, égouttez-le. Faites-le griller 4 ou 5 minutes à sec dans une poêle. Mettez-le dans une casserole avec 4 fois son volume d'eau. Salez, portez à ébullition et faites cuire 45 minutes.

2 Pendant ce temps, nettoyez et émincez les blancs de poireau, lavez-les. Dans une casserole, faites-les fondre 15 minutes avec 20 g de beurre à feu moyen. Laissez refroidir.

3 Cassez les œufs en séparant les jaunes des blancs. Dans un saladier, mélangez les jaunes avec le fromage, salez et poivrez. Ajoutez la farine, mélangez puis ajoutez l'orge égoutté et refroidi. Montez les blancs d'œufs en neige bien ferme, incorporez-les délicatement à la préparation.

4 Faites chauffer une ou plusieurs poêles à blinis avec un peu d'huile et un peu de beurre. Versez-y la préparation avec une cuillère, lissez la surface, laissez cuire de 6 à 8 minutes à feu très doux. Retournez délicatement les galettes, laissez cuire 3 ou 4 minutes sur l'autre face. Servez aussitôt.

VARIANTE
Vous pouvez remplacer les poireaux par des courgettes coupées en dés et cuites à l'huile d'olive, avec du thym.

L'AVIS DE LA NUTRITIONNISTE

Le poivron est le légume le plus riche en vitamine C après le persil. Ses couleurs éclatantes sont dues à des pigments contenant des antioxydants qui protègent nos cellules du vieillissement en luttant contre les radicaux libres. Au moment de la préparation, il est conseillé de bien retirer toutes les graines des poivrons, car elles peuvent irriter l'estomac.

PIPERADE *à l'orge perlé*

POUR 4 PERSONNES
PRÉPARATION : 30 MIN · CUISSON : 45 MIN

- 300 g d'orge perlé
- 2 poivrons verts
- 2 poivrons rouges
- 2 poivrons jaunes
- 1 oignon moyen
- 2 gousses d'ail
- 3 cuill. à soupe d'huile d'olive
- 1 branche de thym frais
- 1 cuill. à café de sucre
- 80 g de petites olives
- 30 g de beurre
- sel et poivre

1 Rincez l'orge dans une passoire. Mettez-le dans une casserole avec 5 fois son volume d'eau froide. Salez, portez à ébullition et faites cuire 45 minutes à feu moyen.

2 Pendant ce temps, épépinez et émincez les poivrons. Pelez et émincez l'oignon et l'ail. Dans une poêle, faites-les fondre 3 minutes dans l'huile. Ajoutez les poivrons, le thym et le sucre ; salez et poivrez. Laissez cuire de 15 à 20 minutes à feu moyen. En fin de cuisson, ajoutez les olives.

3 Égouttez l'orge, mettez-le dans un saladier avec le beurre ; mélangez, ajoutez la piperade et servez.

CONSEIL : Vous pouvez parsemer cette piperade avec 30 g de graines de lin avant de servir.

L'AVIS DE LA NUTRITIONNISTE

Les plats associant plusieurs légumes sont très intéressants d'un point de vue nutritionnel. Omnivores, nous devons avoir une alimentation variée afin de couvrir nos besoins en nutriments. Il semblerait que, au-delà des apports, il existe des synergies entre ces différents éléments qui en potentialisent les effets. C'est pour cela qu'il est toujours mieux de couvrir nos besoins par une alimentation variée plutôt que par des compléments alimentaires.

PILAF D'ORGE
aux petits légumes et curcuma

POUR 4 PERSONNES
PRÉPARATION : 30 MIN · CUISSON : 1 H

* 2 carottes
* 1 courgette
* 1 poireau
* 250 g d'orge perlé
* 1 oignon
* 90 g de beurre
* 1,2 l de bouillon de légumes
* 1 cuill. à café de curcuma
* sel et poivre

1 Épluchez les carottes et détaillez-les en petits cubes. Détaillez la courgette de la même façon. Émincez le poireau. Rincez l'orge dans une passoire.

2 Préchauffez le four à 170 °C (th. 5-6). Pelez et hachez l'oignon. Dans une casserole large, type sauteuse, pouvant aller au four, faites-le fondre 5 minutes à feu doux dans 30 g de beurre. Ajoutez l'orge et tous les légumes. Salez et poivrez, versez le bouillon de légumes, ajoutez le curcuma et mélangez. Portez à ébullition, couvrez avec du papier sulfurisé et ôtez du feu.

3 Placez la casserole au four et laissez cuire 50 minutes. À la sortie du four, retirez le papier sulfurisé, ajoutez le reste du beurre, mélangez. Servez aussitôt.

L'AVIS DE LA NUTRITIONNISTE

L'oignon est un légume naturellement riche en vitamine C que les marins emportaient sur leur navire pour lutter contre le scorbut lors des grandes traversées. Dans l'oignon rouge, les pigments ont en plus un effet potentialisant qui renforce les vertus de la vitamine C. L'oignon est aussi l'une des meilleures sources de sélénium, un oligoélément rare qui joue, comme la vitamine C, un rôle dans l'efficacité des défenses immunitaires.

QUINOA AU JAMBON
et à la marinade au basilic

POUR 4 PERSONNES
PRÉPARATION : 30 MIN · MARINADE : 30 MIN · CUISSON : 15 MIN

* 300 g de quinoa
* 2 gros oignons rouges
* 10 feuilles de basilic
* 3 cuill. à soupe de jus de citron
* 4 tranches de jambon de Bayonne ou de Parme
* 5 cuill. à soupe d'huile d'olive
* sel et poivre

1 Rincez soigneusement le quinoa dans une passoire. Mettez-le dans une casserole avec 2 fois son volume d'eau froide. Salez, portez à ébullition et faites cuire de 8 à 10 minutes à feu moyen. Ôtez du feu, couvrez et laissez le quinoa gonfler 15 minutes.

2 Pendant ce temps, pelez et émincez finement les oignons. Ciselez le basilic. Mélangez le jus de citron dans un saladier, salez et poivrez. Ajoutez le basilic et les oignons. Mettez à mariner 30 minutes au frais.

3 Émincez les tranches de jambon. Dans une poêle, faites-les rissoler 3 minutes dans 1 cuillerée d'huile à feu vif. Déposez-les sur une feuille de papier absorbant.

4 Rafraîchissez le quinoa sous l'eau froide, puis égouttez-le. Mélangez-le avec la marinade d'oignons et le reste d'huile. Répartissez-le dans les assiettes, déposez le jambon dessus et dégustez.

VARIANTE : Vous pouvez également servir le quinoa chaud. Dans ce cas, ne le rafraîchissez pas sous l'eau froide après l'avoir égoutté et mélangez-le avec les oignons froids.

L'AVIS DE LA NUTRITIONNISTE

Le cumin est une épice fabriquée à partir des graines de la plante herbacée du même nom. On lui a attribué de nombreux pouvoirs, comme celui d'éloigner les sorcières au Moyen Âge ou celui de garantir la fidélité des fiancés dans le Piémont. En médecine traditionnelle, tant orientale qu'occidentale, il est conseillé d'en consommer pour lutter contre les troubles digestifs, nettoyer le foie et stimuler l'appétit. C'est une épice au goût très prononcé, d'où les petites quantités utilisées.

PETITS GÂTEAUX *à l'épeautre et aux carottes*

POUR 4 PERSONNES
PRÉPARATION : 30 MIN · TREMPAGE : 12 H · CUISSON : 1 H

* 150 g d'épeautre
* 350 g de carottes
* 2 gros œufs
* 40 g de farine
* 1/2 sachet de levure chimique (6 g environ)
* 1 cuill. à café de cumin en poudre
* 20 cl de crème liquide
* 20 g de beurre pour les moules
* sel et poivre

1 La veille, mettez l'épeautre à tremper dans de l'eau froide pendant 12 heures. Le lendemain, égouttez-le et rincez-le dans une passoire. Mettez-le dans une casserole avec 5 fois son volume d'eau froide. Salez, portez à ébullition, laissez cuire 45 minutes à feu moyen.

2 Pendant ce temps, épluchez les carottes et coupez-les en morceaux. Faites-les cuire 20 minutes à l'eau bouillante salée. Égouttez-les dans une passoire puis mixez-les pour obtenir une purée lisse. Fouettez les œufs dans un récipient avec la farine, la levure, le cumin, du sel et du poivre. Ajoutez la crème liquide et la purée de carottes refroidie.

3 Préchauffez le four à 170 °C (th. 5-6). Rafraîchissez l'épeautre sous l'eau froide, puis égouttez-le. Mélangez-le à la préparation aux carottes. Beurrez 8 petits moules ou ramequins. Remplissez-les aux trois quarts avec la préparation. Posez-les dans un plat allant au four et versez de l'eau chaude autour pour les cuire au bain-marie. Enfournez pour 20 minutes. Comptez 5 minutes de plus si les ramequins sont grands. Sortez les gâteaux et laissez-les tiédir avant de les démouler. Dégustez aussitôt.

VARIANTE
Remplacez l'épeautre par de l'orge perlé et la carotte par du céleri-rave.

L'AVIS DE LA NUTRITIONNISTE

Personne n'ignore que le citron est un fruit très riche en vitamine C. De plus, l'épaisseur de son écorce protège cette vitamine de la dégradation après la cueillette. Mais savez-vous que le citron est aussi une excellente source de calcium et de fer ?

Enfin, la présence en grande quantité de potassium lui donne des vertus alcalinisantes qui contrastent avec sa saveur acide et qui sont très intéressantes pour contrebalancer les effets acidifiants de notre alimentation moderne.

PETITS SABLÉS
au sarrasin et au citron

POUR 30 SABLÉS ENVIRON
PRÉPARATION : 30 MIN · RÉFRIGÉRATION : 6 H · CUISSON : 20 MIN

* 2 citrons
* 150 g de beurre ramolli
* 150 g de sucre
* 140 g de farine de sarrasin
* 80 g de farine de blé
* 1 pincée de sel
* 1 œuf entier
* 2 jaunes d'œufs
* 2 cuill. à soupe de graines de pavot
* 2 cuill. à soupe de graines de sésame doré ou parfumé au wasabi (dans les épiceries fines asiatiques)

1 Lavez les citrons, puis prélevez leur zeste à l'aide d'une râpe fine. Mélangez le beurre, le sucre et les zestes de citron à l'aide d'un robot ou à la main. Ajoutez les deux farines et le sel, mélangez puis ajoutez l'œuf entier et 1 jaune. Malaxez pour obtenir une pâte homogène. Formez une boule, enveloppez-la dans du film alimentaire et placez-la 6 heures au frais.

2 Sortez la pâte 15 minutes avant de la travailler. Préchauffez le four à 180 °C (th. 6). Étalez la pâte sur le plan de travail fariné sur 5 mm d'épaisseur environ. Découpez les sablés à l'aide d'emporte-pièces. Déposez-les sur une plaque de four recouverte de papier sulfurisé.

3 À l'aide d'un pinceau, badigeonnez les sablés de jaune d'œuf mélangé à 1 cuillerée à soupe d'eau, puis parsemez-les de graines de pavot et de sésame. Enfournez pour 20 minutes. Laissez les sablés refroidir avant de les déguster.

VARIANTE : Remplacez les zestes de citron par des zestes d'orange et incorporez également dans la pâte des petits morceaux de fruits confits.

L'AVIS DE LA NUTRITIONNISTE

Ni trop sucrés, ni trop gras, ces petits pains seront excellents à tout moment de la journée, et notamment pour le goûter des enfants, avec du chocolat ou de la confiture.

N'hésitez pas à varier les graines que vous ajoutez dans ces petits pains. Ainsi, avec la même recette, vous apporterez à votre organisme des vitamines et des minéraux différents.

PETITS PAINS *à la farine d'épeautre et aux graines*

POUR 12 PETITS PAINS ENVIRON
PRÉPARATION : 20 MIN · REPOS DE LA PÂTE : 2 H 30 · CUISSON : 15 MIN

* 10 cl de lait
* 35 g de beurre
* 1 sachet de levure de boulanger lyophilisée (6 g environ)
* 340 g de farine d'épeautre
* 35 g de graines de pavot ou de lin ou de sésame
* 8 g de sel
* 10 g de sucre
* 2 œufs

1 Dans une casserole, faites tiédir le lait avec le beurre en morceaux à feu doux. Hors du feu, ajoutez la levure et mélangez pour la faire dissoudre.

2 Mettez la farine, les graines, le sel et le sucre dans la cuve d'un robot muni d'un crochet pétrisseur. Faites tourner doucement, puis versez le lait. Battez 1 œuf dans une tasse, mettez-en la moitié dans la cuve avec l'autre œuf entier. Laissez tourner de 8 à 10 minutes à vitesse moyenne jusqu'à ce que la pâte se décolle de la paroi.

3 Arrêtez le robot, rassemblez la pâte en boule. Farinez les parois de la cuve, remettez la pâte dedans et couvrez-la d'un linge. Laissez la pâte gonfler 1 h 30 à température ambiante.

4 Aplatissez délicatement la pâte, puis détaillez-la en 12 morceaux de taille égale (50 g environ). Donnez-leur la forme de boule et déposez-les sur une plaque de four farinée. Couvrez d'un linge et laissez gonfler encore 1 heure à température ambiante.

5 Préchauffez le four à 220 °C (th. 7-8). Enfournez les petits pains pour 12 à 15 minutes. À la sortie du four, laissez les pains refroidir sur une grille.

CONSEIL

Avec leur texture légèrement briochée, ces petits pains peuvent se déguster aussi bien au déjeuner qu'au goûter.

L'AVIS DE LA NUTRITIONNISTE

Les graines de sésame constituent un concentré extraordinaire de minéraux très variés. On y retrouve en quantités importantes du magnésium, du calcium, du phosphore, du fer et du cuivre.

Côté vitamines, le sésame est une excellente source de vitamine B1, ou thiamine, qui joue un rôle dans le métabolisme des sucres et dans la transmission de l'influx nerveux.

TARTELETTES *au citron*

POUR 4 À 6 PERSONNES
PRÉPARATION : 40 MIN · RÉFRIGÉRATION : 6 H · CUISSON : 50 MIN

* 2 citrons jaunes
* 1 œuf entier
* 1 jaune d'œuf
* 80 g de sucre
* 250 g de fromage blanc
* 20 g de graines de sésame

Pour la pâte
* 140 g de beurre
* 140 g de sucre
* 230 g de farine de seigle
* 60 g de graines de sésame
* 1 œuf entier
* 1 jaune d'œuf

1 Préparez la pâte. Mélangez le beurre et le sucre dans la cuve d'un robot ou à la main. Ajoutez la farine et les graines de sésame. Mélangez, incorporez l'œuf et le jaune. Formez une boule de pâte, laissez-la reposer 4 heures au réfrigérateur.

2 Laissez la pâte 15 minutes à température ambiante puis étalez-la sur 3 ou 4 mm d'épaisseur. Beurrez et garnissez de pâte des moules à tartelettes (ou un grand moule), piquez les fonds avec une fourchette et placez-les encore 2 heures au frais.

3 Préchauffez le four à 180 °C (th. 6). Garnissez les fonds de tartelettes de papier sulfurisé et de légumes secs. Enfournez pour 15 à 20 minutes. Laissez refroidir.

4 Râpez le zeste de 1 citron ; pressez les deux fruits. Fouettez l'œuf et le jaune avec le sucre. Ajoutez le jus et le zeste de citron, puis le fromage blanc et mélangez.

5 Garnissez les fonds de tarte avec la crème au citron, parsemez de graines de sésame. Remettez les tartelettes au four. Éteignez celui-ci et laissez-y les tartelettes de 35 à 40 minutes, jusqu'à ce que la crème soit prise. Dégustez frais.

VARIANTE
Vous pouvez réaliser la même recette avec de l'orange et remplacer également la farine de seigle par de la farine de sarrasin ou celle de blé.

L'AVIS DE LA NUTRITIONNISTE

Les poires sont des fruits riches en eau - ne parle-t-on pas de garder « une poire pour la soif »? - ce qui ne les empêche pas d'apporter à ceux qui s'en régalent de nombreux minéraux tels que le potassium et le calcium, par exemple.

La vitamine C, celles du groupe B et la provitamine A sont également bien présentes dans la chair ferme et sucrée des poires. Les fibres qu'elles contiennent sont d'autant plus digestes que le fruit est fondant.

CRUMBLE DE POIRES *aux flocons d'avoine*

POUR 4 PERSONNES
PRÉPARATION : 20 MIN · CUISSON : 25 MIN ENVIRON

* 4 petites poires
* 15 g de beurre
* 1 cuill. à soupe de miel
* 60 g de raisins secs blonds

Pour le crumble
* 60 g de beurre ramolli
* 75 g de cassonade
* 70 g de farine de blé ou d'épeautre
* 120 g de flocons d'avoine

1 Épluchez et épépinez les poires. Détaillez-les en petits morceaux. Dans une poêle, faites-les cuire 3 minutes à feu vif avec 15 g de beurre. Ajoutez le miel et les raisins secs, mélangez, laissez légèrement caraméliser.

2 Préchauffez le four à 180 °C (th. 6). Préparez la pâte à crumble. Dans un saladier, mélangez le beurre avec la cassonade, la farine et les flocons d'avoine pour obtenir une pâte légèrement friable.

3 Répartissez les poires dans 4 petits plats individuels (ou un grand) puis déposez la pâte dessus. Enfournez pour 15 à 20 minutes, jusqu'à ce que les crumbles soient dorés. Dégustez tiède ou froid.

VARIANTE : Vous pouvez remplacer les poires par des pommes ou des abricots.

L'AVIS DE LA NUTRITIONNISTE

Comme tous les fruits secs, les raisins concentrent les bienfaits des raisins frais, à l'exception de la vitamine C qui est détruite lors de la déshydratation. En revanche, on retrouve dans les raisins secs une concentration importante de fibres et de minéraux tels que le potassium. Ils sont également riches en glucides bien assimilables par l'organisme. Ce dessert constitue une bonne source d'énergie avant un effort sportif grâce à l'association des sucres complexes du millet et ceux, plus simples, des raisins secs et du sucre.

CRÈME DE MILLET AU LAIT VANILLÉ *et aux raisins secs*

POUR 4 PERSONNES
PRÉPARATION : 10 MIN · CUISSON : 40 MIN

* 1 gousse de vanille
* 70 cl de lait
* 100 g de millet
* 70 g de sucre
* 100 g de raisins secs blonds moelleux
* 1 cuill. à soupe bombée de mascarpone

1 Fendez la gousse de vanille dans le sens de la longueur et grattez les graines avec la pointe d'un couteau. Versez le lait dans une casserole, ajoutez les graines de vanille. Portez à ébullition, versez le millet et le sucre en pluie. Remuez doucement jusqu'à la reprise de l'ébullition. Laissez cuire 40 minutes à feu doux en remuant régulièrement.

2 Pendant ce temps, faites tremper les raisins secs dans un bol d'eau tiède. Environ 15 minutes avant la fin de la cuisson du millet, égouttez-les et ajoutez-les dans la casserole.

3 Laissez le millet tiédir, puis incorporez le mascarpone à l'aide d'un fouet. Dégustez la crème tiède, de préférence, ou bien froide.

VARIANTE : Parfumez le millet avec quelques gouttes d'extrait d'amandes et, pour les plus gourmands, ajoutez des brisures d'amaretti juste avant de servir.

L'AVIS DE LA NUTRITIONNISTE

Les dattes sont les fruits d'un des palmiers les plus cultivés au monde. Elles sont riches en glucides et en potassium, ce qui en fait les alliées des sportifs. Elles sont également riches en fibres qui contribuent à favoriser le transit intestinal. Enfin, leur apport en fer et en magnésium est loin d'être négligeable, et elles sont une excellente source de vitamines du groupe B.

CRÈME DE MILLET AUX DATTES
et à l'eau de rose

POUR 4 PERSONNES
PRÉPARATION : 10 MIN · CUISSON : 40 MIN

* 70 cl de lait
* 100 g de millet
* 70 g de sucre
* 150 g de dattes moelleuses
* 3 cuill. à soupe d'eau de rose
* 1 cuill. à soupe bombée de crème fraîche épaisse
* 60 g d'amandes en poudre

1 Dans une casserole, portez le lait à ébullition. Ôtez la casserole du feu, versez le millet et le sucre en pluie. Remettez sur le feu et remuez doucement jusqu'à la reprise de l'ébullition. Laissez cuire ensuite 40 minutes à feu doux en remuant régulièrement.

2 Dénoyautez les dattes et coupez-les en petits morceaux. Environ 15 minutes avant la fin de la cuisson du millet, ajoutez les dattes et l'eau de rose dans la casserole. Laissez tiédir le millet, incorporez la crème fraîche et les amandes en poudre.

3 Laissez la préparation reposer 10 minutes, puis répartissez-la dans des coupelles individuelles et dégustez.

CONSEIL : Vous pouvez faire griller à sec, dans une poêle, quelques amandes effilées et en parsemer la crème au moment de servir.

L'AVIS DE LA NUTRITIONNISTE

Voilà une excellente alternative aux barres de céréales du commerce, souvent trop grasses et trop sucrées. Ces barres maison sont naturelles, sans conservateur ni additif. Le mélange d'amandes, d'abricots secs, de flocons d'avoine et de graines de courge en fait un concentré de vitamines et de sels minéraux qui redonnera de l'énergie en cas de « coup de pompe » dans la journée ou après un effort sportif.

BARRES AUX FLOCONS D'AVOINE *et aux abricots secs*

POUR 8 GRANDES BARRES
PRÉPARATION : 15 MIN · CUISSON : 25 MIN · REPOS : 3 H

1 Préchauffez le four à 180°C (th. 6). Faites liquéfier le miel dans une casserole à feu doux. Ajoutez l'huile et mélangez. Hachez grossièrement les amandes. Coupez les abricots en petits cubes.

2 Dans un saladier, mélangez les flocons d'avoine, les graines de courge, les amandes et les abricots. Versez le mélange miel-huile et remuez pour bien enrober le tout.

3 Huilez légèrement un moule carré antiadhésif ou un moule à tarte. Étalez-y la préparation sur 1,5 cm d'épaisseur environ, en tassant bien. Enfournez pour 20 minutes, jusqu'à ce que la surface soit légèrement dorée.

4 Laissez le moule tiédir 15 minutes à la sortie du four, puis démoulez délicatement son contenu sur du papier sulfurisé. Laissez refroidir au moins 3 heures.

5 Découpez 8 barres à l'aide d'un couteau à dents. Dégustez-les au petit déjeuner ou bien au goûter, avec un thé.

CONSEIL : Vous pouvez mélanger aux abricots secs des morceaux de figues ou de pruneaux séchés.

* 130 g de miel
* 5 cuill. à soupe d'huile de pépins de raisin ou d'huile de tournesol
* 50 g d'amandes entières
* 100 g d'abricots secs moelleux
* 240 g de flocons d'avoine
* 60 g de graines de courge

L'AVIS DE LA NUTRITIONNISTE

Les framboises, comme tous les fruits bien colorés, sont riches en substances antioxydantes qui protègent nos cellules contre les attaques des radicaux libres responsables du vieillissement cellulaire. Leur teneur en vitamine C permettra d'optimiser l'absorption du fer contenu dans le muesli. Privilégiez un muesli issu de l'agriculture biologique, car les pesticides sont souvent concentrés dans les enveloppes des céréales constituant les mélanges. Veillez également à ce qu'il soit nature. La recette sera sucrée par l'ajout de miel.

MUESLI AUX PETITS-SUISSES

et framboises tièdes au miel

POUR 4 PERSONNES
PRÉPARATION : 15 MIN · CUISSON : 2 MIN

* 100 g de miel liquide
* 8 petits-suisses
* 200 g de muesli
* 250 g de framboises fraîches

1 Faites tiédir la moitié du miel liquide dans une casserole. Égouttez les petits-suisses, mélangez-les dans un saladier avec le miel.

2 Faites chauffer le reste du miel dans une petite poêle. Quand il commence à épaissir légèrement, ajoutez les framboises dans la poêle et faites-les cuire 2 minutes à feu très vif, en remuant délicatement. Ôtez du feu.

3 Mélangez le muesli avec les petits-suisses au miel. Répartissez-la préparation dans des coupes. Déposez les framboises tièdes et leur jus de cuisson dessus et dégustez aussitôt.

CONSEIL : Cette recette se prépare au dernier moment pour garder le croustillant du muesli. Pour changer, remplacez le muesli par des pistaches caramélisées dans un peu de sucre et grossièrement hachées ou par un mélange de figues et de pruneaux séchés, coupés en petits morceaux.

INDEX PAR INGRÉDIENT

TABLE DES ÉQUIVALENCES FRANCE-CANADA

POIDS

55 g	2 onces	200 g	7 onces	500 g	17 onces
100 g	3 onces	250 g	9 onces	750 g	26 onces
150 g	5 onces	300 g	10 onces	1 kg	35 onces

Ces équivalences permettent de calculer le poids à quelques grammes près (en réalité, 1 once = 28 g).

CAPACITÉS

25 cl	1 tasse	75 cl	3 tasses
50 cl	2 tasses	1 l	4 tasses

Pour faciliter la mesure des capacités, une tasse équivaut ici à 25 cl (en réalité, 1 tasse = 8 onces = 23 cl).

Direction de la publication : Isabelle Jeuge-Maynart et Ghislaine Stora

Direction éditoriale : Agnès Busière

Édition : Ewa Lochet

Conception graphique et couverture : Claire Morel-Fatio

Mise en page : J[2]Graph

Fabrication : Anne Raynaud

Éléments graphiques : © Francesco Abrignani / Thinkstock, © Aaron Amat / Shutterstock, © Ohn Mar / Shutterstock, © Lenlis / Shutterstock, © mart_m / Thinkstock, © PP / Thinkstock.

Les Éditions Larousse utilisent des papiers composés de fibres naturelles, renouvelables, recyclables et fabriquées à partir de bois issus de forêts qui adoptent un système d'aménagement durable. En outre, les Éditions Larousse attendent de leurs fournisseurs de papier qu'ils s'inscrivent dans une démarche de certification environnementale reconnue.

ISBN : 978-2-03-589187-7

Photogravure Nord Compo, Villeneuve d'Ascq
Imprimé en Espagne par Graficas Estella, Estella
Dépôt légal : février 2014
311673/01 - 11023307 - janvier 2014